Max Wellmann, August Schmekel, Georg Knaack

Festgabe für Franz Susemihl

Zur Geschichte griechischer Wissenschaft und Dichtung

Max Wellmann, August Schmekel, Georg Knaack

Festgabe für Franz Susemihl
Zur Geschichte griechischer Wissenschaft und Dichtung

ISBN/EAN: 9783743655232

Hergestellt in Europa, USA, Kanada, Australien, Japan

Cover: Foto ©ninafisch / pixelio.de

Weitere Bücher finden Sie auf **www.hansebooks.com**

FESTGABE

FÜR

FRANZ SUSEMIHL.

ZUR GESCHICHTE GRIECHISCHER WISSENSCHAFT
UND DICHTUNG.

LEIPZIG,

DRUCK UND VERLAG VON B. G. TEUBNER.

1898.

FRANCISCO SUSEMIHL

MAGISTRO CARISSIMO

DISCIPULOS OMNES PATRIO AMORE AMPLECTENTI

IUVENUM ARTIBUS LIBERALIBUS DEDITORUM

FAUTORI HUMANISSIMO ET SUAVISSIMO

DIEM NATALEM AGENTI SEPTUAGESIMUM

EX ANIMI SENTENTIA

GRATULANTUR

AUGUST BRUNCK	STETTIN
JOHANNES CHRIST	BERLIN
MAX GOERZ	GR.-LICHTERFELDE
KARL GUTTMANN	DORTMUND
ALFRED HILLSCHER	PLESCHEN
ULRICH HOEFER	WESEL A. RH.
BRUNO KEIL	STRASSBURG I. E.
RICHARD KLOTZ	TREPTOW A. R.
GEORG KNAACK	STETTIN
EUGEN ODER	BERLIN
RICHARD PFENNIG	BERLIN
MAX RANNOW	BERLIN
PAUL RUSCH	STETTIN
KARL SCHAEFER	PFORTA
AUGUST SCHMEKEL	CHARLOTTENBURG
HERMANN SCHULZ	STETTIN
MAX WELLMANN	STETTIN

DIE DECIMO DECEMBRIS MDCCCLXXXXVI

Inhalt.

Das älteste Kräuterbuch der Griechen

Von

Max Wellmann

Man pflegt noch heutzutage den Theophrast den Vater der
Botanik zu nennen und damit die Vorstellung zu verbinden, als
habe er die botanischen Studien im Altertum begründet, trotzdem
die moderne Forschung schon seit geraumer Zeit die Haltlosigkeit
dieser Vorstellung erwiesen hat.[1]) Das köstliche Bruchstück des
attischen Komikers Epikrates[2]), die wenigen botanischen Fragmente
des Speusippos, des Schülers und Nachfolgers des Plato, sind un-
anfechtbare Zeugnisse dafür, daſs die Begründung der botanischen
Wissenschaft das Verdienst der Akademie ist, daſs also schon zwei
Generationen vor Theophrast an der Entwicklung dieser Wissenschaft gearbeitet worden ist. Die Anregung hierzu scheint in beiden
Schulen, in der Akademie und dem Peripatos, von der Medizin und
Rhizotomie ausgegangen zu sein, deren Jünger es bekanntlich nicht
verschmähten, sich an den botanischen Untersuchungen eines Plato
zu beteiligen, und ohne deren Berücksichtigung grade solche Studien
gar nicht zu machen waren.

Mich dünkt, die botanischen Schriften des Theophrast bestätigen
dies in vollem Maſse. Wer sie unbefangen durchliest, wird sich
des Eindrucks nicht erwehren können, daſs schon vor seiner Zeit
eine reiche botanische Litteratur existiert hat: die von ihm teils
mit dem Namen des Gewährsmannes versehenen, teils allgemein
gehaltenen Quellenangaben[3]) sprechen klar und deutlich für diese

---

1) Wilamowitz Antig. v. Kar. 283 f. Usener Organisation der wissen-
schaftlichen Arbeit Preuſs. Jahrb. 1884, 11.

2) Ath. II 59 d. f.

3) Vgl. darüber die fleiſsigen Zusammenstellungen bei O. Kirch-
ner, die botanischen Schriften des Theophrast von Eresos, Fleck. Jahrb.
f. kl. Ph. Suppl. VII 483 f. Ganz übersehen hat der Verf. bei der Zusammenstellung der vor Theophrast bereits bekannten Pflanzen die medizinische Litteratur des 4. Jh., von der uns in den Kompilationen eines
Plinius, Athenaios, Soran—Caelius Aurelianus eine nicht unbeträchtliche
Zahl von Bruchstücken vorliegt.

Annahme. Die Methode, die er bei seinen naturwissenschaftlichen Arbeiten befolgt, ist die von seinem grofsen Lehrer und Meister überkommene: wie dieser in seiner Tiergeschichte, so sammelt Theophrast in seiner Pflanzengeschichte die zu seiner Zeit schon bekannten botanischen Thatsachen, prüft und sichtet sie und entwirft mit Hilfe des von ihm geordneten Materials ein eigenes botanisches System, in dem in echt aristotelischem Geiste die Ergründung der Ursachen als das Endziel der Forschung erscheint. Bei diesem rein theoretischen Charakter seiner botanischen Schriften kann es nicht wunder nehmen, dafs sie in der späteren botanisch-pharmakologischen Litteratur, die der Tummelplatz der Ärzte war und im Grunde praktische Zwecke verfolgte, nur geringe Spuren hinterlassen hat, während die rein philologische Forschung der Griechen sowie die römische Litteratur seit der sullanischen Zeit mit besonderer Vorliebe an ihn anknüpften. Dieser Thatbestand ist von mir[1]) und im Anschlufs an meine Arbeiten von H. Stadler[2]) erwiesen worden. Nur ist die Frage, die ich mir damals vorlegte, deshalb verkehrt, weil sie von der stillschweigenden Voraussetzung ausging, dafs die Benützung des Theophrast keinem Zweifel unterworfen sei. Da aber diese Voraussetzung weder in der Überlieferung noch in einer auffällig in die Augen springenden Übereinstimmung eine urkundliche Grundlage hat, so glaube ich, ist die Frage vielmehr so zu formulieren: ist Theophrast in der botanisch-pharmakologischen Litteratur überhaupt benützt und, wenn sich Spuren einer Benützung nachweisen lassen, wie weit geht seine Benützung? Leider wird die Beantwortung dadurch erschwert, dafs uns diese Litteraturgattung erst in den letzten Ausläufern vorliegt und dafs sich trotz der durch Analogieschlüsse berechtigten Annahme, dafs sie im wesentlichen eine kompilatorische war, doch nicht in jedem einzelnen Falle das Ursprüngliche von den späteren Zuthaten scheiden läfst. Die Schriftsteller, die zunächst bei dieser Untersuchung in Betracht kommen, sind Dioskurides und Plinius, d. h. Krateuas und Sextius Niger.

Theophrast wird von Dioskurides an zwei Stellen citiert: III 79 = Th. h. pl. IX 11, 11 und V 124 = Plin. XXXVI 156. Das zweite Citat stammt aus Sextius Niger. Vgl. Herm. a. a. O. 549. Das erste Citat steht am Schlufs des über die λιβανωτίς[3]) han-

---

1) Sextius Niger, eine Quellenuntersuchung zu Dioskurides Herm. XXIV 549 f.
2) H. Stadler, Theophrast und Dioskorides. Abhandlungen auf dem Gebiet der klass. Altertumswissenschaft W. v. Christ zum 60. Geburtstag dargebracht von seinen Schülern München 1891. S. 176 ff. Leider ohne neue Resultate, weil die Frage nicht scharf genug gefafst ist.
3) In den beiden Wiener Hds. des alphabetischen Pseudodioskurides heifst die Pflanze κάχρυ (C fol. 176 a. und N fol. 56) vgl. die Paraphrase des Euteknius zu Nik. Th. 40. Der Bearbeiter hat die Beschreibung der drei Arten, da ihm nur eine Abbildung vorlag, zu einer einzigen vereinigt

delnden Kapitels. Dioskurides unterscheidet zwei Hauptarten, die fruchttragende und die fruchtlose. Der Beschreibung, die Theophrast (IX 11, 10) von dieser Pflanze giebt, liegt dieselbe Unterscheidung zu Grunde. Trotzdem ist Dioskurides unabhängig von ihm: für die zweite Hauptart beweist es das Theophrastcitat. Denn es liegt doch auf der Hand, daß dies Citat nur deshalb hinzugefügt ist, um den Widerspruch zwischen der Überlieferung, welche die pharmakologische Quelle bot, und derjenigen des Theophrast zu konstatieren. Aus seiner unorganischen Einfügung — es steht nicht am Schluß des botanischen, sondern des pharmakologischen Teiles, die sonst scharf gesondert sind — darf man entnehmen, daß es erst später, vielleicht von der Quelle des Dioskurides — und damit kämen wir wieder auf Sextius Niger — aufgenommen worden ist. Daß aber auch die Beschreibung der fruchttragenden λιβανωτίς nicht auf Theophrast zurückgehen kann, dafür sprechen abgesehen von der genaueren Unterscheidung zweier Unterarten verschiedene Abweichungen. Die Übereinstimmungen beziehen sich auf folgende Angaben: die Frucht ist weiß und heißt Kachry, der Stengel wird eine Elle hoch und darüber, die Wurzel ist groß und weiß und riecht wie Weihrauch. Dagegen weichen beide in der Beschreibung des Blattes voneinander ab: Theophrast vergleicht es mit dem des wilden Sellerie (σέλινον ἕλειον Apium graveolens L. Fraas 146), Dioskurides mit dem des Fenchel (μάραθρον Anethum foeniculum L.).[1]) Ferner stehen die genaueren Angaben über die Beschaffenheit der Frucht im Widerspruch zueinander: nach Th. ist sie rauh, wovon D. überhaupt nichts weiß, und länglich, während D. sie als rundlich bezeichnet. Aus diesen Abweichungen hat die moderne Botanik[2]) nach dem Vorgange von Luigi Anguillara[3]) den Schluß gezogen, daß beide zwei verschiedene Pflanzen beschrieben haben, Th. die kretische Cachrys (cachrys cretica), D. die wohlriechende (cachrys Libanotis). Diese Schlußfolgerung, deren Berechtigung ich nicht anerkennen kann, ist für manchen vielleicht beweiskräftig dafür, daß

Der Name κάχρυ ist für diese Pflanze in älterer Zeit der gewöhnliche. Als römische Synonyma nennen CN: μουράριαμ (derselbe Name in CN für ἴον πορφυροῦν) und ἀλίστρουμ ῥούστικορμ. Beide fehlen bei Sprengel und natürlich auch bei H. Stadler, lat. Pflanzennamen im Diosk. Wölfflins Archiv X 83. Es ist ein bedenkliches Zeichen für unsere Wissenschaft, daß eine solche Arbeit ohne Kollation der beiden Hauptquellen, d. h. des cod. Constantinopolitanus und Neapolitanus hat angeregt werden können. Die Wissenschaft verlangt die Arbeit noch einmal.

1) Isid. Orig. XVII 9, 81: Rosmarinum, quam Latini ab effectu herbam salutarem vocant, folia foeniculi similia atque aspera et rotatim terrae prostrata = Apul. 79 (vgl. V. Rose, Herm. VIII 38 A. 2), dessen interpolierte Pflanzenbeschreibungen die älteste lateinische Übersetzung des Diosk. repräsentieren.

2) K. Sprengel Theophr. II 370. Fraas 141 f.

3) Semplici Vinegia 1561 S. 91.

1*

der Bericht des D. trotz der Übereinstimmungen nicht aus Th. entnommen sein kann.
Dasselbe Verhältnis liegt in dem Berichte über die medizinischen Kräfte dieser Pflanze vor. Th., der sich naturgemäfs auf die Erwähnung der wichtigsten Wirkungen beschränkt hat, empfiehlt die Wurzel bei Geschwüren und Krankheiten der weiblichen Geschlechtsteile, den Samen gegen Harnverhaltung, Ohrenschmerzen, Augenleiden und zur Erzeugung von Milch bei Frauen. Abgesehen von der Verwendung gegen Ohrenschmerzen kennt die Quelle des D. dieselben Wirkungen, ist aber im übrigen viel reichhaltiger als Th.: αἱ δὲ ῥίζαι ξηραὶ σὺν μέλιτι ἕλκη ἀνακαθαίρουσι ... ἔμμηνά τε ἄγουσι (Sextius Niger bei Plin. XXIV 100 fügt hinzu: semen ad vetera pectoris vitia datur potui et ad vulvas cum vino et pipere, menses adiuvat) καὶ οὖρα ... ὁ δὲ χυλὸς τῆς ῥίζης καὶ τῆς πόας ὀξυδερκής, μιγνύμενος μέλιτι καὶ ἐγχριόμενος· ὁ δὲ καρπὸς πινόμενος τὰ αὐτὰ ποιεῖ ... Plin. XXIV 100: auget et lacte in vino potum (sc. semen), item radix.
Die Hauptmasse der Berührungen zwischen D. und Th. entfällt auf das 9. Buch seiner Pflanzengeschichte, das bekanntlich inhaltlich und formell aus dem Rahmen des Ganzen herausfällt. Inhaltlich, weil es einen der späteren pharmakologischen Litteratur verwandten Stoff behandelt, d. h. die Arzneisäfte und Arzneigewächse mit besonderer Hervorhebung ihrer arzneilichen Wirkungen, formell, weil sich Theophrast in diesem Buche auf eine blofse Materialsammlung beschränkt, und das Zusammenordnen der Thatsachen unter höhere Gesichtspunkte fast ganz in Wegfall kommt.
Die Übereinstimmungen zwischen beiden Autoren sind zwiefacher Art: eine Reihe von Pflanzenbeschreibungen decken sich von einzelnen Abweichungen abgesehen mit Dioskurides fast völlig, andere berühren sich nur in Einzelheiten. Daneben giebt es natürlich genug Fälle, in denen trotz der Übereinstimmung des Namens zwischen beiden fast keine Berührung vorhanden ist. Mich dünkt, diese Fälle lassen die Annahme einer Benützung des Theophrast von vornherein als mindestens höchst bedenklich erscheinen.
Von den Unterfamilien der Rosaceen ist die der Potentilleen in der antiken Botanik in einer Art bekannt: es ist die Potentilla reptans, von den Griechen πεντάφυλλον, von den Römern quinquefolium genannt. Sie wird von D. und Th. beschrieben, aber der Mangel fast jeglicher Berührung wird jedem Unbefangenen bei einer Gegenüberstellung in die Augen springen, zumal wenn man den Bericht des Plinius (XXV 109), der aus einer lateinischen, den Theophrast verarbeitenden Quelle geschöpft ist, zur Vergleichung heranzieht:

Th. IX 13, 5:	D. IV 42, 536:[1])	Plin. XXV 109:
Ἡ δὲ τοῦ πενταφύλλου ἢ πενταπετοῦς (sc. ῥίζα) — καλοῦσι γὰρ ἀμφοτέρως — ὀρυττομένη ἐρυθρά, ξηραινομένη δὲ μέλαινα γίνεται καὶ τετράγωνος· ἔχει δὲ τὸ φύλλον ὥσπερ οἴναρον, μικρὸν δὲ καὶ τὴν χροιὰν ὅμοιον· καὶ αὐξάνεται καὶ φθίνει ἅμα τῇ ἀμπέλῳ· πάντα δὲ πέντε τὰ φύλλα, δι' ὃ καὶ ἡ προσηγορία· καυλοὺς δὲ ἐπὶ γῆν ἵησι λεπτοὺς καὶ κνήμας ἔχει (so U²).	Πεντάφυλλον·²) οἱ δὲ πενταπετές³), οἱ δὲ πεντάτομον⁴), οἱ δὲ πενταδάκτυλον, οἱ δὲ ψευδοσέλινον, οἱ δὲ καλλιπέταλον⁵), οἱ δὲ ξυλόλωτον καλοῦσι· κλῶνας φέρει καρφοειδεῖς, λεπτούς, σπιθαμιαίους, ἐφ' ὧν ὁ καρπός· φύλλα δ' ἔχει ἐοικότα ἡδυόσμῳ, πέντε⁶) καθ' ἕκαστον μόσχον, σπανίως δέ που⁷) πλείονα, κύκλωθεν ἐσχισμένα πριονοειδῶς, ἄνθος δ' ὠχρόλευκον⁸)· φύεται δ' ἐν ἐφύδροις τόποις⁹) καὶ παρ' ὀχετοῖς· ῥίζαν δὲ ἔχει ὑπέρυθρον, ἐπιμήκη, παχυτέραν¹⁰) ἐλλεβόρου μέλανος· ἔστι δὲ πολύχρηστος.¹¹)	Quinquefolium nulli ignotum est, cum etiam fraga gignendo commendetur, Graeci pentapetes aut pentaphyllon aut chamaezelon vocant. cum effoditur, rubram habet radicem. haec inarescens nigrescit et angulosa fit. nomen a numero foliorum. et ipsa herba incipit et desinit cum vite. adhibetur et purgandis domibus. Vgl. Isid. orig. XVII 9, 38.

1) Über die Hds. sei in Kürze folgendes bemerkt: die beste Überlieferung, die sich mit der des Oribasius (B. XI—XIII der ἰατρικαὶ συναγωγαί enthalten Excerpte aus D.) deckt, repräsentieren folgende Hds.:
P = cod. Parisinus 2179 s. IX unvollständig.
V = cod. Marcianus n. 273 s. XII unvollständig, stammt aus P.
F = cod. Laurentianus LXXIV 23 s. XIV.
H = cod. Vaticano-Palatinus 77 s. XIV interpoliert.
O = Oribas. B. XI—XIII nach cod. Paris. 2189 s. XVI.
Dazu kommen als älteste Vertreter der alphabetischen Umarbeitung des D.:
C = cod. Constantinopolitanus der Wiener Hofbibliothek (s. VI).
N = cod. Neapolitanus s. VII aus derselben Vorlage wie C.
p = cod. Parisinus 2183 s. XV, Vertreter der mit Hilfe des alphabetischen D. interpolierten Überlieferung.
2) aus D. stammt Geop. II 6, 29. C und N haben folgende römische Synonyma: Ῥωμαῖοι κινκουαιφόλλιουμ (C: κινκιναιφθαλιουμ N: κινκονιφθαλιουμ p: κινκουαιφολιουμ), οἱ δὲ μάνους μάρτις (so N. μανουμαρ C. vgl. Apul: Romani quinquefolium vocant. Omoeos manumartis. So in dem von mir verglichenen cod. Vind. lat. 275 s. XIII). Dafs das zweite Synonym auch in der Dioskuridesüberlieferung vorliegt, davon weifs Stadler a. a. O. natürlich nichts.
3) πεντακπηγαις C πενταπηγες Np.
4) πετεμορον CNp.
5) fehlt HF, die hinter ξυλόλωτον ein οἱ δὲ ξυλοπέταλον interpolieren.
6) καθ' ἕκαστον μόσχον ὡς πέντε ται CN.
7) που fehlt CNp.
8) ὠχρόλευκον χρυσοειδές p. ἄνθος δὲ ὠχρόν C Geop. II 6, 29, ἄνθος ὠχρὸν χρυσοειδές N.
9) τόποις fehlt P. V. F. H. ἐν ἐνύδροις τόποις C. N.
10) ὑπόπαχυν· ἔστι δὲ CN.
11) πολύχρηστον CN.

Das Berufkraut kommt bei beiden in zwei Arten vor (Th. VI 2, 6. Diosc. III 126, 468), Th. unterscheidet sie durch den Zusatz ἄῤῥην (Erigeron viscosum L. Frans 209. Sprengel II 222) und θῆλυς (Erigeron graveolens), D. nennt sie μείζων und μικρά oder λεπτή. Daſs beide dieselben Pflanzen meinen, daran ist nicht der geringste Zweifel und von fachmännischer Seite bisher auch nicht gezweifelt worden. Wer aber ihre Beschreibungen nebeneinander vergleichend durchläuft, wird sich von der Unabhängigkeit beider Autoren leicht überzeugen. Dieselbe wird noch mehr in die Augen springen, wenn man wieder den Bericht des Plinius (XXI 58 aus einer lat. Quelle, vielleicht Hygin, die Theophrast benützt) hinzunimmt:

Th. VI 2, 6:	D. III 126, 468:[1])	Plin. XXI 58:
Κονύζης δὲ τὸ μὲν ἄῤῥεν, τὸ δὲ θῆλυ. Διαφορὰς δὲ ἔχει καθάπερ τὰ ἄλλα τὰ οὕτω διαιρούμενα· τὸ μὲν γὰρ θῆλυ λεπτοφυλλότερον καὶ ξυνεστηκὸς μᾶλλον καὶ τὸ ὅλον ἔλαττον, τὸ δὲ ἄῤῥεν μεῖζόν τε καὶ παχυκαυλότερον καὶ πολυκλωνότερον καὶ τὸ φύλλον μεῖζον καὶ λιπαρώτερον ἔχον, ἔτι δὲ τὸ ἄνθος λαμπρότερον. Καρποφόρα δὲ ἄμφω· τὸ δὲ ὅλον ὀψιβλαστεῖ καὶ ὀψιανθεῖ περὶ ἀρκτοῦρον καὶ μετ᾽ ἀρκτοῦρον ἀδρύνει. Βαρεῖα δὲ ἡ ὀσμὴ τοῦ ἄῤῥενος, ἡ δὲ τῆς θηλείας δριμυτέρα, δι᾽ ὃ καὶ πρὸς τὰ θηρία χρησίμη.	Κόνυζα· ἡ μέν τις μικρὰ καλεῖται, εὐωδεστέρα οὖσα· ἡ δὲ μείζων, ὑπερέχουσα τῷ θάμνῳ, καὶ τοῖς φύλλοις πλατυτέρα καὶ βαρύοσμος· ἀμφότεραι δ᾽ ἐοίκασι[2]) τοῖς φύλλοις ἐλαίᾳ· ἔστι δὲ δασέα ταῦτα καὶ λιπαρά· ὕψος δὲ τοῦ καυλοῦ, ἡ μὲν μείζων δύο πήχεων ἔχει, ἡ δὲ ἐλάττων ποδός· ἄνθος ψαφαρόν[3]), μήλινον, ὑπόπικρον[4]), ἐκπαπούμενον, ῥίζαι ἄχρηστοι. Δύναται δὲ ὁ θάμνος[5]) σὺν τοῖς φύλλοις ὑποστρωννύμενος καὶ θυμιώμενος θηρία διώκειν καὶ κώνωπας ἀπελαύνειν	Et conyzae duo genera in coronamentis, mas ac femina. differentia in folio: tenuius feminae et constrictius angustiusque, imbricatum maris. mas et ramosior. flos quoque magis splendet eius, serotinus utrique post arcturum. mas odore gravior, femina acutior, et ideo contra bestiarum morsus aptior.

---

1) In CN heiſsen die beiden Arten κόνυζα πλατύφυλλος und λεπτόφυλλος. Die römischen Synonyma der ersteren sind folgende: μιλιτάρις μίνυορ, φεβρεφούγια, μουσταρια, πίσαν, die der letzteren: ἐντουβουμ, διλλιάρια, φραγμῶσα und κοκικολίδιον. Das letzte Syn. fehlt in der interpolierten Überlieferung des D. und demgemäſs auch in der Aldina, bei Sprengel und Stadler.
2) προσεοίκασι p. ἐοίκασι C. N P. V. F. H.   3) C: ψαθαρόν N: ψαφαρόν.
4) So P. V. F. H. O. μικρὸν CN. ὑπόκιρρον p.
5) CN: θάμνος σὺν τοῖς φύλλοις ὑποδυμιώμενος θηρία διώκειν ...

Belehrend ist die Vergleichung der beiden Berichte über die verschiedenen Safflorarten. Th. (VI 4, 5) führt drei Arten auf, von denen die angebaute (Carthamus tinctorius Fraas 206. Sprengel II 230) möglicherweise dem κνῆκος des D. (680) entspricht: ihre Beschreibung fehlt leider bei Theophrast. Von den beiden Abarten des wilden Safflor (Th. a. a. O.) kennt D. die erste und beschreibt sie unter dem Namen ἀτρακτυλίς (III 97, 445). Dafs diese Abart auch ἀτρακτυλίς genannt wurde, bezeugt Plin. XXI 90, der in seinem indirekt aus Theophrast entlehnten Bericht den wichtigen Zusatz hat: quare quidam atractylida vocant sc. cnecon silvestrem. Bisher ist die ἀτρακτυλίς des D. allgemein mit der gleichnamigen Pflanze des Th. (VI 4, 6) identifiziert worden (vgl. Fraas 266), trotzdem die charakteristischen Eigenschaften der theophrastischen ἀτρακτυλίς, der widrige Geruch und der blutige Saft, dem D. unbekannt sind. Schon Sprengel (Th. II 230) hat auf die nahe Verwandtschaft der dioskuridischen ἀτρακτυλίς mit dem κνῆκος ἄγριος des Th. aufmerksam gemacht: ihre Identität darf als unzweifelhaft bezeichnet werden, da der Grund, den Sprengel hiergegen geltend macht, nach der besten Überlieferung des D., in der das ihm anstöfsige τραχύς fehlt, hinfällig wird.[1])

Th. VI 4, 5:

Διαφοραὶ δὲ τῶν μὲν ἀκάνων οὐκ εἰσί, τῆς κνήκου δ' εἰσίν· ἡ μὲν γὰρ ἀγρία, ἡ δ' ἥμερος. Τῆς δ' ἀγρίας δύο εἴδη· τὸ μὲν προσεμφερὲς σφόδρα τῷ ἡμέρῳ πλὴν εὐθυκαυλότερον, δι' ὃ καὶ πηνίοις ἔνιαι τῶν ἀρχαίων ἐχρῶντο γυναικῶν. Καρπὸν

D. III 97, 445:

Ἀτρακτυλίς[2]), οἱ δὲ κνῆκον ἄγριον καλοῦσιν· ἄκανθά ἐστιν ἐοικυῖα κνήκῳ, μακροτέρα[3]) δὲ πολλῷ, φύλλα ἔχουσα ἐπ' ἄκρῳ[4]) τῷ ῥαβδίῳ, τὸ δὲ πλεῖον γυμνόν[5]), ᾧ καὶ αἱ γυναῖκες χρῶνται ἀντὶ ἀτράκτου· ἔχει δὲ καὶ κόμην[6]) ἐπ' ἄκρου ἀκανθώδη· ἄνθος[7]) ὠχρόν· ῥίζα δὲ λεπτή, ἄχρηστος. Ταύτης τὰ φύλλα καὶ ἡ κόμη καὶ ὁ καρπὸς λεῖα

---

1) Nach L. Anguillara Semplici 149 lautet die Beschreibung des Krateuas folgendermafsen: Ἄκανθά ἐστιν ἐοικυῖα κνίκῳ, μικροτέρα δὲ πολλῷ, φύλλα ἔχουσα ἐπ' ἄκρων τῶν ῥαβδίων· τὸ δὲ πλεῖον γυμνόν, τραχύ, ᾧ καὶ αἱ γυναῖκες χρῶνται· ἔχει δὲ κεφάλια ἐπ' ἄκρου ἀκανθώδη· ἄνθος πορφυροῦν, ⟨ἐν⟩ ἐνίοις τόποις ὠχρόν. Das ist weiter nichts als der Text des illustrierten Constantinopolitanus. Ich vermute, dafs Anguillara ihn für das Werk des Krateuas gehalten hat. Vgl. Plin. XXI 184. schol. Theokr. IV 52.
2) Orib.: ἀτρακτυλλίς ἢ κνίκον ἄγριον· ἄκανθά ἐστιν ἐοικυῖα κνήκῳ ...
3) CN: μικροτέρα δὲ πολλῷ φύλλα ἔχουσα. Orib.: μικρότερα πολλῷ φ. ἔχ. P. F. H. p: μακροτέρα.
4) ἐπ' ἄκρῳ τῶν ῥαβδίων CNp.
5) CNp fügen τραχύ hinzu. Es fehlt in P. V. F. H. O.
6) κεφάλια CNp.
7) Or: ἄνθος ὠχρόν, ῥίζα λεπτή. CN: ἄνθος πορφυροῦν, ἐνίοις τόποις ὠχρόν (N: ἔνωχρον). p: ἄνθος ὠχρόν, ἐν ἐνίοις δὲ τόποις πορφυροῦν. Dasselbe ist in H von zweiter Hand interpoliert.

δ' ἔχει μέλανα καὶ μέγαν
καὶ πικρόν.

ποθέντα[1]) σὺν πεπέρει καὶ οἴνῳ σκορπιοπλήκτους ὠφελεῖ· ἱστοροῦσι δ' ἔνιοι[2])
τοὺς πληγέντας[3]), ἄχρι μὲν ἂν[4]) κρα-
τῶσι τὴν πόαν, ἀνωδύνους μένειν,
ἀποτιθεμένους[5]) δ' ἀλγεῖν.

Recht bezeichnend ist es, daſs in den seltenen Fällen, wo in
den ersten Büchern der Pflanzengeschichte pharmakologische Notizen
auftreten, die Übereinstimmung mit der späteren pharmakologischen
Litteratur in ihre Rechte tritt. So berichtet Th. an berühmter
Stelle (IV 4, 2) von der Citronat-Citrone (Citrus medica L.)[6]), daſs
sie mit Wein getrunken den Stuhlgang befördere und die Kraft
habe, die Wirkung der Gifte aufzuheben: dasselbe steht bei D.
I 166, 150. Die weiteren, auch sonst in der Litteratur wieder-
kehrenden Angaben, daſs die Abkochung der Schale zur Verbesserung des Atems diene, und daſs die Frucht, in die Truhe gelegt,
die Kleider vor Mottenfraſs schütze, haben gleichfalls ihre Parallele
bei Dioskurides. Aus dieser Übereinstimmung folgt aber bei der
notorischen Unabhängigkeit der späteren Pharmakologie von den
theophrastischen Baumbeschreibungen weiter nichts, als daſs die
medizinischen Wirkungen der Citronat-Citrone schon in der Zeit
vor Theophrast bekannt waren und auch schon zu dieser Zeit Ein-
gang in die pharmakologische Litteratur gefunden hatten.

Dem bekannten kurzgefaſsten Excerpt über Zauberpflanzen aus
den pseudodemokriteischen χειρόκμητα fügt Plinius (XXIV 167) eine
Notiz des Krateuas bei über die wunderbare Wirkung der ὀνοθήρα
(epilobium angustifolium L. nach Sprengel a. a. O. 391, nach Fraas
80 epilobium hirsutum L.), welche im stande sei wilde Tiere zu
zähmen, wenn man sie mit einem Absud dieser Pflanze in Wein
besprenge. Da D. IV 116, 604 dasselbe berichtet, allerdings mit
der leicht verständlichen Variation, daſs der Wurzelabsud getrunken
werden müsse, um die berichtete Wirkung zu haben, da ferner der
Pflanzenname onothuris[7]) als Synonym im D. wiederkehrt, so halte

---

1) λιπανθέντα ἐν π. C. διακοθεντα ἐν π. N.
2) ἔνιοι δὲ ἱστοροῦσιν CNp.
3) ἀλγοῦντας CN.
4) μέχρι μὲν ἂν CN. ἄχριπερ ἂν F. H. p.
5) ἀποθεμένους CNp.
6) Ich schlieſse mich der Ansicht von V. Hehn, Kulturpflanzen und
Haustiere ⁶ 434 an. Fraas (85) identifiziert das μῆλον μηδικόν mit der
Pompelnuſs (citrus decumana L.). Vgl. Ath. 83 d. Verg. Georg. II 126.
Daſs die medischen Äpfel schon vor der Zeit des Theophrast in Athen
bekannt waren, folgt aus dem Bruchstück des Antiphanes (Ath. 84 a),
der in die erste Hülfte des 4. Jh. gehört: Kaibel s. Antiphanes Paulys
Realencykl.
7) Plin. XXIV 167: Crateuas onothurin (V: onothorinin E: onothu-
riden in), cuius adspersu e vino feritas omnium animalium mitigaretur.

ich mich für berechtigt, den ganzen Bericht des D. für Krateuas in Anspruch zu nehmen. Dieser Bericht ist nun bei ihm und Theophrast im wesentlichen derselbe:

Th. IX 19, 1:

Ἡ δὲ τοῦ ὀνοθήρα ῥίζα δοθεῖσα ἐν οἴνῳ πραότερον καὶ ἱλαρώτερον ποιεῖ τὸ ἦθος. Ἔχει δὲ ὁ μὲν ὀνοθήρας τὸ μὲν φύλλον ὅμοιον ἀμυγδαλῇ, μικρότερον δέ· τὸ δὲ ἄνθος ἐρυθρὸν ὥσπερ ῥόδον· αὐτὸς δὲ μέγας θάμνος· ῥίζα δὲ ἐρυθρὰ καὶ μεγάλη, ὄξει δὲ αὐανθείσης ὥσπερ οἴνου· φιλεῖ δὲ ὀρεινὰ χωρία. Φαίνεται δὲ οὐ τοῦτο ἄτοπον· οἷον γὰρ προς-φορά τις γίνεται δύναμιν ἔχοντος οἰνώδη.

D. IV 116:

Ὀνάγρα· οἱ δὲ ὀνοθήραν[1]), οἱ δὲ ὀνο⟨θο⟩υριν[2])· θάμνος ἐστὶ δενδροειδής, εὐμεγέθης, φύλλα ἔχων ἀμυγδαλῇ παραπλήσια, πλατύ-τερα δὲ καὶ ἐμφερῆ τοῖς τοῦ κρίνου· ἄνθη ῥοδοειδῆ, μεγάλα· ῥίζαν[3]) δὲ λευκήν, μακράν[4]), ἥτις ξηρανθεῖσα οἴνου ὀσμὴν ἀποδίδωσι· φύεται ἐν ὀρεινοῖς τόποις. Δύνα-μιν δ' ἔχει τὸ ἀπόβρεγμα τῆς ῥίζης ὑπὸ τῶν ἀγρίων ζῴων πινόμενον ἡμεροῦν αὐτά· καταπλασθεῖσα δὲ πραΰνει τὰ θηριώδη ἕλκη.

Dafs Krateuas trotzdem von Th. unabhängig ist, ergiebt die Abweichung in der Wurzelfarbe, ergiebt aber auch seine gröfsere Ausführlichkeit in der Beschreibung der Blätter und der medizinischen Wirkung. Und hinzu kommt sehr gewichtig, dafs die Pflanze des Krateuas ὀνάγρα heifst und der theophrastische Name ὀνοθήρα nur als Synonym auftritt.

Die Erdscherbe (cyclamen graecum vgl. Fraas 192) kennt Th. als Arzneipflanze (IX 9, 3); doch fehlt bei ihm die genauere Unter-scheidung zweier Arten, die möglicherweise ein Verdienst späterer Zeit sein kann, sowie die ausführliche Beschreibung: er berichtet nur von der Wurzel (VII 9, 4), dafs sie fleischig sei und eine Rinde um das Fleisch habe wie die Kohlrübe (vgl. D. II 193, 303 f.). Darin liegt schon ein gewichtiger Grund gegen seine Benützung. Doch weit gewichtiger ist es, dafs die ihm bekannten resp. von ihm hervorgehobenen Heilkräfte dieser Pflanze gegenüber der grofsen Reichhaltigkeit des D. ganz verschwinden.

Th. IX 9, 3:

Τοῦ δὲ κυκλαμίνου ἡ μὲν ῥίζα πρός τε τὰς ἐκπυήσεις τῶν φλεγ-μονῶν καὶ πρόσθετον

D. II 193, 304:

ἥτις (sc. ἡ ῥίζα) ποθεῖσα μεθ' ὑδρομέλι-τος ἄγει φλέγμα καὶ ὕδωρ κάτω καὶ ἔμμηνα δὲ κινεῖ πινομένη καὶ προστιθεμένη· φασὶ δὲ [ὅτι][5]), κἂν ὑπερβῇ τὴν ῥίζαν ἐγκύμων

1) Synonyma fehlen O.
2) ὀνουριν Hds. vgl. Gal. XII 89. Paul. Aeg. VII 3, der aus D. schöpft.
3) ῥίζαν δὲ μικρὰν λευκήν P. ῥ. δὲ λευκὴν μικράν F. H. p.
4) μακράν O. Plin. XXVI 111.
5) So F. H, ὅτι fehlt in CN.

γυναιξὶ καὶ πρὸς τὰ
ἕλκη ἐν μέλιτι· ὁ δὲ
ὀπὸς πρὸς τὰς ἀπὸ
κεφαλῆς καθάρσεις ἐν
μέλιτι ἐγχεόμενος καὶ
πρὸς τὸ μεθύσκειν, ἐὰν
ἐν οἴνῳ διαβρέχων διδῷ
τις πίνειν. Ἀγαθὴν δὲ
τὴν ῥίζαν καὶ ὠκυτόκιον
περίαπτον καὶ εἰς φίλ-
τρα· ὅταν δ᾽ ὀρύξωσι,
κατακαίουσιν, εἶτ᾽ οἴνῳ
δεύσαντας τροχίσκους
ποιοῦσιν ὥσπερ τῆς
τρυγός, ᾗ ῥυπτόμεθα.

γυνή, ἐξαμβλώττειν αὐτήν· ἔστι δὲ καὶ
ὠκυτόκιον[1]) περιαπτομένη· πίνεται δὲ
πρὸς τὰ θανάσιμα μετ᾽ οἴνου καὶ μάλιστα
πρὸς θαλάσσιον λαγωόν· καὶ ἑρπετῶν ἐστιν
ἀντιφάρμακον καταπλασσομένη· μεθύσκει
τε οἴνῳ μιχθεῖσα.... ἐγχυματίζεταί
τε ὁ χυλὸς αὐτῆς μετὰ μέλιτος εἰς τὰς
ῥῖνας πρὸς κάθαρσιν κεφαλῆς... καὶ
τραύματα μετ᾽ ὄξους καὶ καθ᾽ ἑαυτὴν καὶ
μετὰ μέλιτος ἰᾶται... αὐτή τε δι᾽ ἐλαίου
παλαιοῦ ἀναζεσθεῖσα ἀπουλοῖ καταχριομένου
τοῦ ἐλαίου... ἱστορεῖται δὲ καὶ πρὸς φίλτρα
αὐτὴν λαμβάνεσθαι κοπεῖσαν ἀναπλα-
σθεῖσάν τε εἰς τροχίσκους.

Ist es glaublich, daſs ein so genauer Kenner der Heilwirkungen
dieser Pflanze wie die Quelle des D. die doch nur dürftigen
Notizen dem Th. entnommen habe und alles übrige einer zweiten,
dem Th. an Sachkenntnis und Reichhaltigkeit weit überlegenen
Quelle? Die Antwort auf diese Frage glaube ich einem einsich-
tigen Leser überlassen zu dürfen.

Von der in pharmakologischer Beziehung überaus wichtigen
Familie der Nachtschattengewächse (Solanaceen) beschreibt Th. ausführlicher den στρύχνος ὑπνώδης und μανικός (IX 11, 5). Vergleicht
man seine Beschreibungen mit denen des D. (IV 73. 74, 567), so
wird zunächst die durchgehende Übereinstimmung jeden Unbefangenen
davon überzeugen, daſs beide dieselben Pflanzen gemeint haben:

Th.

Τῶν γὰρ στρύχνων
ὁ μὲν ὑπνώδης, ὁ δὲ
μανικός. Καὶ ὁ μὲν
ὑπνώδης ἐρυθρὰν ἔχει
τὴν ῥίζαν ὥσπερ αἷμα
ξηραινομένην, ὀρυτ-
τομένην δὲ λευκὴν καὶ
καρπὸν ἐρυθρότερον
κόκκου, φύλλα δὲ τιθυ-
μάλλῳ ὅμοιον ἢ μηλέα

D.

Στρύχνον ὑπνωτικόν, οἱ δὲ ἁλικάκκαβον,
οἱ δὲ καλλίαν[2]) καλοῦσι· θάμνος ἐστὶ κλάδους[3])
ἔχων πολλούς, πυκνούς, στελεχώδεις, δυσ-
θραύστους, φύλλων πλήρεις λιπαρῶν, ἐμ-
φερῶν μηλέᾳ κυδωνίᾳ· ἄνθος ἐρυθρόν,
εὐμέγεθες· καρπὸν ἐν λοβοῖς κροκίζοντα·
ῥίζαν φλοιὸν ἔχουσαν, ὑπέρυθρον, εὐμεγέθη·
φύεται ἐν πετρώδεσι τόποις.[4])
Ταύτης ὁ φλοιὸς τῆς ῥίζης ἐν οἴνῳ
ποθεὶς δραχμῆς μιᾶς ὁλκὴ ὑπνωτικὴν ἔχει

---

1) So H. p., ἀτόκιον F. C. N.
2) So Orib. vgl. Plin. XXI 177: alii callion. κακκαλίαν VP. κακκα-
λίδα F. κανκαλίδα, von zweiter Hand verbessert in καλλαίδα p.
3) καυλοὺς ἔχων πυκνοὺς πολλούς O. frutex multis, densis, caudi-
cosis et aegre fragilibus caulibus Orib. Sardiani collect. ed. Rusarium II 566.
4) p interpoliert: ἐν πέτραις οὐ πόῤῥω θαλάσσης. So der alphab. D.

τῇ γλυκείᾳ καὶ αὐτὸ
δασὺ καὶ σπιθαμὴν
μέγα. Τούτου τῆς ῥίζης
τὸν φλοιὸν κόπτοντες
λίαν καὶ βρέχοντες ἐν
οἴνῳ ἀκράτῳ διδόασι
πιεῖν καὶ ποιεῖ καθεύ-
δειν. Φύεται δ᾽ ἐν
χαράδραις καὶ τοῖς
μνήμασιν.

δύναμιν, τοῦ ὀποῦ τῆς μήκωνος ἐπιεικε-
στέραν. Ὁ δὲ[1]) καρπὸς οὐρητικός ἐστιν ἄγαν·
δίδονται δ᾽ ὑδρωπικοῖς κόρυμβοι ὡς δώδεκα,
πλείονες δὲ ποθέντες ἔκστασιν ἐργάζονται·
βοηθοῦνται δὲ μελικράτῳ πολλῷ πινομένῳ.
Μίγνυται καὶ ἀνωδύνοις ὁ φλοιὸς αὐτῆς καὶ
τροχίσκοις· ἐναφεψηθεὶς δὲ οἴνῳ καὶ διακρα-
τούμενος ὀδονταλγίαις ἀρήγει· ὁ δὲ χυλὸς
τῆς ῥίζης ἀμβλυωπίας μετὰ μέλιτος ἐγχρισθεὶς
παραιτεῖται.

Th. IX 11, 6:

Ὁ δὲ μανικός, οἱ
δὲ θρύορον καλοῦσιν
αὐτόν, οἱ δὲ περιττόν,
λευκὴν ἔχει τὴν ῥίζαν
καὶ μακρὰν ὡς πήχεως
καὶ κοίλην. Δίδοται
δ᾽ αὐτῆς, ἐὰν μὲν ὥστε
παίζειν καὶ δοκεῖν
ἑαυτῷ κάλλιστον εἶναι,
δραχμὴ σταθμῷ· ἐὰν
δὲ μᾶλλον μαίνεσθαι
καὶ φαντασίας τινὰς
φαίνεσθαι,δύο δραχμαί·
παραμιγνύναι φασὶν
ὀπὸν κενταυρίου· ἐὰν
δὲ ὥστε ἀποκτεῖναι, τέτ-
ταρες. Ἔχει δὲ τὸ μὲν

D.

Στρύχνον μανικόν, ὃ[2]) ἔνιοι πέρσιον, οἱ
δὲ περισσὸν[3]), οἱ δὲ ἄνυδρον, οἱ δὲ πεντόδρυον[4]), οἱ δὲ ἔνορον[5]), οἱ δὲ θρύ⟨ορ⟩ον,
οἱ δὲ ὀρθόγυον[6]) ἐκάλεσαν· τούτου τὸ μὲν
φύλλον ἐστὶν εὐζώμῳ παραπλήσιον, μεῖζον
δὲ πρὸς τὸ[7]) τῆς ἀκάνθης μᾶλλον[8]), ἥτις
καὶ παιδέρως καλεῖται· καυλοὺς δ᾽ ἀνίησιν
ἀπὸ τῆς ῥίζης ὑπερφυεῖς δέκα ἢ δώδεκα,
ὕψος[9]) ὀργυιᾶς ἔχοντας· κεφαλὴν ἐπικει-
μένην[10]) ὥσπερ[11]) ἐλαίαν, δασυτέραν δὲ ὡς
πλατάνου σφαῖραν, μείζονα[12]) δὲ καὶ παχυ-
τέραν· ἄνθος[13]) μέλαν, μετὰ δὲ τοῦτο καρπὸν
ἴσχει βοτρυοειδῆ, στρογγύλον, μέλανα, ῥᾶγας
δέκα ἢ δώδεκα ὁμοίας κισσοῦ κορύμβοις,
μαλακὰς[14]) ὥσπερεὶ σταφυλήν[15])· ῥίζα δ᾽
ὕπεστι λευκή, παχεῖα, κοίλη, ὡς πήχεως.
Φύεται ἐν ὀρεινοῖς χωρίοις καὶ προσηνέμοις

---

1) ὁ δὲ — ἄγαν am Rande nachgetragen in P und V.
2) O.: ὃ ἔνιοι περίσκον, οἱ δὲ πεντόδρυον ἐκάλεσαν. p: ὃ ἔνιοι
πέρσιον, οἱ δὲ θρύον ἐκάλεσαν· οἱ δὲ ἄνυδρον, οἱ δὲ πεντάδρυον, οἱ
δὲ ἔνορον, οἱ δὲ ὀρθόγυιον.
3) So Plinius XXI 179.
4) πεντάδρυον F. H. πεντόδρυον P. O.
5) οἱ δὲ ἔνορυ — ὀρθόγυον in P am Rande von derselben Hand
nachgetragen.
6) ὀρθόγυιον F. H.
7) τό O. τά alle anderen Hds.
8) So O. P.
9) ὕψος — δώδεκα fehlen in F. H. In H von zweiter Hand am Rande.
10) ὑπερκειμένην O.
11) So P. ὡς alle andern Hds. und O.
12) P: μεῖζω δὲ καὶ πλατυτέραν. O. F: μείζονα δὲ καὶ παχυτέρα.
H p: μείζονα δὲ καὶ πλατυτέραν.
13) ἄνθος δὲ P.
14) μαλακὸν ὥσπερ σταφυλήν P.
15) σταφυλήν P. σταφυλή die übrigen Hds.

φύλλον ὅμοιον εὐζώμῳ
πλὴν μεῖζον, τὸν δὲ
καυλὸν ὥσπερ ὀργυίας,
κεφαλὴν δὲ ὥσπερ
γηθύου, μείζω δὲ καὶ
δασυτέραν· ἔοικε δὲ καὶ
πλατάνου καρπῷ.
(Vgl. Apul. 74.)

καὶ πλατανώδεσι.¹) Δύναμιν δ᾽ ἔχει ἡ ῥίζα
πινομένη μετ᾽ οἴνου δραχμῆς μιᾶς πλῆθος
φαντασίας ἀποτελεῖν οὐκ ἀηδεῖς· δύο δὲ
δραχμαὶ ποθεῖσαι ἐξιστάνουσιν ἄχρι τριῶν
ἡμερῶν· τέσσαρες δὲ ποθεῖσαι καὶ ἀναιροῦσιν·
ἀντιφάρμακον δ᾽ ἐστιν αὐτοῦ²) μελίκρατον,
πολὺ πινόμενον καὶ ἐξεμούμενον.

Das Charakteristische in der Beschreibung des στρύχνον ὑπνωτικόν[3]), die Vergleichung des Blattes mit dem des Quittenbaumes[4]), die Hervorhebung der Scharlachröte der Beeren und der rötlichen Farbe der Wurzel, die Angabe des Standortes ist beiden gemein: ebenso die Notiz über die schlaferzeugende Wirkung der Wurzelrinde, nur dafs D. genauer die Dosis angiebt, die zu dieser Wirkung erforderlich ist. Das Blatt des στρύχνον μανικόν vergleichen beide mit dem der Raute, beide heben den Unterschied in der Gröfse hervor, bezeichnen den Stamm als klafterhoch, die Wurzel als weifs, ellenlang und hohl und vergleichen die haarige Frucht mit der einer Platane. In dem Bericht über die gefährliche Wirkung der Wurzel stimmen beide ebenfalls; doch fehlt bei Th. die Notiz, dafs eine Dosis von zwei Drachmen nur einen leichten, drei Tage anhaltenden Wahnsinnsanfall herbeiführe, sowie die eng damit zusammenhängende Erwähnung des Gegenmittels. Hier liegt uns also wieder dasselbe Verhältnis der beiden Autoren vor, das uns schon des öfteren begegnet ist, und es ist müfsig, darüber noch ein Wort zu verlieren, dafs Theophrast nicht die Quelle des D. ist. Fraas[5]), der in seiner synopsis plant. fl. class. 168 das στρύχνον ὑπνωτικόν des D. von dem theophrastischen unterscheidet, indem er letzteres für die einschläferude Schlutte (physalis somnifera L.), ersteres für das Solanum dulcamara L. erklärt, fügt folgende Begründung hinzu: 'Auch hier, wie an vielen andern Stellen, ist nur wahrscheinlich, dafs Diosc. zwar die Pflanzennamen des Theophr. angiebt, auch von diesen viele Merkmale abschreibt, aber dann Zusätze für sich macht, welche beweisen, dafs er eine andere Pflanze

---

1) So O. F. H. πλατανῶσι P. πλαταμῶσι p.
2) So P. F. H. p.
3) Die beiden Wiener Hds. kennen nur eine Pflanze ἀλικάκκαβος und werfen die Beschreibung von στρύχνον ἀλικάκαβον und κηπαῖον zusammen. Das römische Synonym heifst in beiden Hds.: οἱ δὲ ἔρβα οὐατικάνα (herba vaticana) und nicht ΟΥΑΤΙΚΑΝΑ.
4) Die μηλία ἡ γλυκεῖα des Th. ist der durch Pfropfreiser von apfelähnlichen Früchten verbesserte Quittenbaum, dessen Frucht auch γλυκύμηλον hiefs: die Überlieferung ist untadelig. Vgl. Diosc. I 161. Geop. X 20 p. 279 B.
5) Vgl. dagegen Sprengel a. a. O. II 286.

im Sinne hatte und die theophrastische nicht kannte. In der Regel
sind es dann solche Arten, welche eher Oberitalien oder dem Abend-
lande überhaupt mehr als Griechenland angehören. Gewifs ist es
hier bei S. dulcamara der Fall, die er mit Th.s somnifera ver-
wechselt haben mag und bei der Beschreibung zusammenwirft.'
Dafs Fraas so urteilte, war verzeihlich zu einer Zeit, wo die Quellen-
analyse des D. und des Th. noch ganz im Argen lag. Der Sachverhalt
ist in Wirklichkeit folgender: der dioskuridischen Beschreibung des
στρύχνος ὑπνώδης liegt ohne Frage die der Quelle des Th. zu
Grunde: diese wurde dann im Laufe der Jahrhunderte von verschiedenen pflanzenkundigen Ärzten und Rhizotomen, wie z. B. von
Andreas, Jollas aus Bithynien, Herakleides von Tarent, Krateuas
und Sextius Niger, von dem letzteren aber sicher nur in geringem
Grade, umgebildet und erweitert und bei dieser Erweiterung machte
sich naturgemäfs die Flora der Gegend geltend, welcher der be-
treffende Arzt oder Rhizotom angehörte, hier Griechenland, dort
Ägypten und Kleinasien, dort endlich Italien. So ist es zu erklären, dafs die Pflanzenbilder, die uns im Dioskurides vorliegen,
aus den verschiedensten, oft widersprechenden Zügen zusammen-
gesetzt sind, welche die Bestimmung seiner Pflanzen so unendlich
erschweren, ja oft sogar unmöglich machen.

Von einer zweiten Gattung der Solanaceen, dem Mandragoras,
berichtet Theophrast (IX 9, 1), dafs die Wurzel, der Saft und die
Blätter medizinisch verwandt werden und zwar in folgender Weise:
die Blätter als Umschlag mit Polenta zur Heilung von Geschwüren,
die Wurzel in pulvrisiertem Zustande mit einem Zusatz von Essig
gegen Rose und Gichtschmerzen, ferner als einschläferndes Mittel
und zu Liebestränken. Die Wurzel empfiehlt er in runde Scheiben
zu schneiden und an einen Faden aufgereiht im Rauchfange auf-
zubewahren. D. stimmt im wesentlichen mit Th. (IV 76, 570),
aber die wenigen von Th. angeführten Mittel bilden wieder nur
einen verschwindend kleinen Bestandteil seines überaus reichhaltigen
Berichtes. Dazu fehlt die Beschreibung des Mandragoras[1]) vollständig bei ihm. Wenn die kurze Beschreibung, die Th. an einer
anderen Stelle (VI 2, 9) vom Mandragoras giebt, nur auf Atropa
Belladonna (Fraas 166) pafst, so folgt daraus doch nicht ohne
weiteres, dafs seine Angaben über die Wirkungen des M. (IX 9, 1)
auf dieselbe Pflanze zu beziehen sind. Die Übereinstimmung mit
D. macht es meines Erachtens unzweifelhaft, dafs Th. an dieser
Stelle dieselbe Pflanze gemeint hat wie D. (Alraunwurzel Atropa
Mandragora L. Fraas 167) und dafs er nur infolge der noch

---

1) Die römischen Synonyma des μανδραγόρας ἄρρην sind nach dem
cod. N. fol. 90 (sie fehlen in C): μάλα κανίνα und μάλα τερρέστρια, die des
μανθ. ϑῆλυς: μάλα σιλβέστρια und μάλα τερρέστρια. Vgl. Isid. Orig. XVII 9, 30,
der sich mit Orib. de simpl. 116 (Druck von Colle) und Ps.-Apuleius
129 (A.) berührt.

mangelhaft ausgebildeten Terminologie seiner Zeit eine zweite Gattung der Solanaceen mit demselben Namen zu belegen gezwungen war. Einen wichtigen Fingerzeig, in welchen Kreisen wir die Quelle zu suchen haben, enthält der Bericht des Th. über die abergläubischen Vorschriften, welche die ῥιζοτόμοι für das Graben der Mandragoraswurzel gaben. Daſs diese Vorschriften nicht durch Vermittelung des Th. in die spätere botanische Litteratur (D., Plin.) übergegangen sind, beweist die Parallelüberlieferung bei Sextius Niger (Plin. XXV 148), der den doch nicht unwichtigen Zusatz macht, daſs man sich beim Graben der Wurzel vom Winde abwenden müsse: effossuri cavent contrarium ventum et tribus circulis ante gladio circumscribunt, postea fodiunt ad occasum spectantes. Vgl. Th. IX 8, 8: περιγράφειν δὲ καὶ τὸν μανδραγόραν εἰς τρὶς ξίφει, τέμνειν δὲ πρὸς ἑσπέραν βλέποντα. τὸν δ᾽ ἕτερον κύκλῳ περιορχεῖσθαι καὶ λέγειν ὡς πλεῖστα περὶ ἀφροδισίων.

Die Thapsie (Thapsia gerganica L.), eine Wolfsmilchart, die Euphorbia Apios L. und die Libanotis haben eine Wirkung gemeinsam: der obere Teil ihrer Wurzel erregt Erbrechen, der untere führt ab. Diese pharmakologische Thatsache, die in der einschlägigen Litteratur des öfteren erwähnt wird, erscheint dem Th. als wunderbar (IX 9, 5: τὸ δὲ τῆς αὐτῆς ῥίζης τὸ μὲν ἄνω, τὸ δὲ κάτω καθαίρειν θαυμασιώτερον οἷον καὶ τῆς θαψίας καὶ τῆς ἰσχάδος, οἱ δ᾽ ἄπιον καλοῦσι, καὶ τῆς λιβανωτίδος), in der pharmakologischen Litteratur galt sie als natürlich. Bei Th. folgt die Beschreibung der beiden ersten Pflanzen, die sich wieder mit D. (IV 154, IV 174) berührt, doch ist die der Thapsie[1]) viel zu kurz gehalten und zu sehr auf das allgemein bekannte beschränkt, als daſs sich aus dieser Berührung auch nur das geringste schlieſsen lieſse. Ebensowenig stimmt seine Beschreibung der Euph. Apios enger mit D. überein, als es die Sache notwendig mit sich bringt, zum mindesten nicht so eng, daſs man daraus eine Abhängigkeit des dioskurideischen Berichtes herleiten müſste[2]):

D. IV 154, 641:	Th. IX 9, 6:
Θαψία ὠνόμασται μὲν ἀπὸ τοῦ δοκεῖν πρῶτον εὑρῆσθαι ἐν Θάψῳ τῇ ὁμωνύμῳ νήσῳ. Τὴν δ᾽ ὅλην φύσιν³) ἔοικε νάρθηκι, ἰσχνότερος⁴) δ᾽ ὁ καυλός, καὶ τὰ φύλλα μαράθρῳ ἐμφερῆ· ἐπ᾽ ἄκρου δὲ σκιάδια καθ᾽ ἑκάστην ἀπόφυσιν, ἀνήθῳ ὅμοια· ἐφ᾽ ἂν ἄνθος μήλινον· σπέρμα	Ἔχει δ᾽ ἡ θαψία φύλλον μὲν ὅμοιον τῷ μαράθῳ πλὴν πλατύτερον, καυλὸν δὲ ναρθηκώδη, ῥίζαν δὲ λευκήν.

---

1) Vgl. Plin. XIII 124, der aus Hygin schöpft.
2) Herm. XXIV 551.
3) So P. V. F. H. τῇ δ᾽ ὅλῃ φύσει C N p.
4) N: ἰσχνότερος δ᾽ αὐτῆς μᾶλλον ὁ καυλός. C: ἰσχνοτέρας δ᾽ αὐτῆς μᾶλλον ὁ καυλός.

ὑπόπλατυ, τῷ τοῦ νάρθηκος ἐμφερές, ἔλαττον
μέντοι· ῥίζα[1]) λευκή, μεγάλη, παχύφλοιος,
δριμεῖα.

D. IV 174, 668:

Ἄπιος· οἱ δὲ ἰσχιάδα[2]), οἱ δὲ χαμαι-
βάλανον, οἱ δὲ ῥάφανον[3]) ἀγρίαν, οἱ δὲ
λινόζωστιν[4]) καλοῦσι· κλωνία[5]) δύο ἢ τρία[6])
ἀπὸ γῆς ἀνίησι, σχοινώδη, λεπτά, ἐρυθρά,
μικρὸν[7]) ὑπὲρ γῆς αἴροντα· φύλλα[8]) πηγάνῳ[9])
ἐοικότα, ἐπιμηκέστερα[10]), χλωρά· καρπὸς μι-
κρός· ῥίζα ἀσφοδέλῳ παραπλησία, στρογγυ-
λωτέρα δὲ καὶ πρὸς τὸ τοῦ ἀπίου[11]) σχῆμα[12]),
μεστὴ ὁποῦ, φλοιὸν[13]) ἔχουσα ἔξωθεν μέλανα,
ἔνδοθεν δὲ λευκόν.

Theoph. IX 9, 6:

Ἡ δ' ἰσχὰς ἢ ἄπιος
φύλλον μὲν ἔχει πηγα-
νῶδες, βραχύ, καυλοὺς
δ' ἐπιγείους τρεῖς ἢ
τέτταρας, ῥίζαν δὲ οἵαν
περ ὁ ἀσφόδελος πλὴν
λεπυριώδη· φιλεῖ δὲ
ὀρεινὰ χωρία, καὶ κοχλα-
κώδη.   Συλλέγεται δὲ
τοῦ ἦρος.

Wenn Sextius Niger (Plin. XXVI 72 f.) in Übereinstimmung
mit Th. genauere Angaben über den Standort der Euphorbia Apios
und die Zeit des Wurzelgrabens macht, so halte ich meine frühere
Schlufsfolgerung[14]), dafs er den Th. in weiterem Umfange benützt
habe als es uns D. erkennen läfst, aus dem einfachen Grunde für
unmöglich, weil er reichhaltiger ist als Th.: nascitur in montosis,
asperis, aliquando et in herbosis.

Die weiteren Notizen des Th. über die Art des Grabens der
Thapsienwurzel (IX 8, 5) sowie über ihre Verwendung gegen Flecken
und blutunterlaufene Stellen (IX 20, 3) finden sich bei D. in gröfserer
Vollständigkeit wieder: dagegen fehlt bei ihm, was Th. über das
Vorkommen der Pflanze und ihre Wirkung auf das Vieh erzählt
(IX 20, 3).

Das ἀκόνιτον (IX 16, 4) und θηλύφονον (IX 18, 2) sind bei
Th. zwei verschiedene Pflanzen. Ein Blick auf die spätere pharma-

1) C: ῥίζα μέλαινα. ἔνδοθεν λευκὴ κατὰ τὴν ἐπιφάνειαν μεγάλη
παχόφλοιος δριμεῖα. N: ῥίζα μέλαινα κατὰ τὴν ἐπιφάνειαν ἔνδοθεν
λευκή, μεγάλη, παχύφ. δρ. In H sind die Interpolationen von zweiter
Hand nachgetragen.
2) So P. F. O. C.
3) Fehlt O.
4) λινόζωστον P. λινοζώστην FH. λινόζωστιν C. N. O.
5) δὲ δύο CN.
6) τρία σχοινώδη ἔχει λεπτά, ἐρυθρά CN.
7) μικρὸν — αἴροντα fehlen CN.
8) τὰ φύλλα O.
9) πηγάνῳ ἀγρίῳ CN.
10) CN. interpolieren μέντοι καὶ στενώτερα.
11) So P. O. F.
12) So P. O. N.
13) φλοιὸν ἔχουσα λευκόν C. N.
14) Herm. a. a. O.

kologische Überlieferung genügt ohne jedes weitere Wort, um zu
zeigen, dafs das θηλύφονον des Th. mit dem ἀκόνιτον des D.
(IV 77, 574. Plin. XXVII 6) identisch ist[1]), und dafs D.
trotz aller Übereinstimmung eine andere Überlieferung repräsentiert als Th.:

D.

'Ακόνιτον·[2]) οἱ δὲ παρδαλιαγχές,
οἱ δὲ κάμμαρον[3]), οἱ δὲ θηλυφόνον[4]), οἱ δὲ κυνοκτόνον, οἱ δὲ
μυοκτόνον· φύλλα ἔχει τρία ἢ
τέσσαρα ὅμοια κυκλαμίνῳ ἢ σικύῳ,
μικρότερα δὲ καὶ[5]) ὑποτραχέα·
καυλὸς σπιθαμῆς[6])· ῥίζα ὁμοία
σκορπίου οὐρᾷ, στίλβουσα ἀλα-
βαστροειδῶς.
Τούτου τὴν ῥίζαν φασὶ προς-
αχθεῖσαν σκορπίῳ παραλύειν
αὐτόν, διεγείρεσθαι δὲ πάλιν ἑλλε-
βόρου προςτεθέντος· μίγνυται δὲ
καὶ ὀφθαλμικαῖς ἀνωδύνοις δυνά-
μεσι· κτείνει δὲ καὶ παρδάλεις καὶ
σῦς καὶ λύκους καὶ πᾶν θηρίον,
κρεαδίοις ἐντιθέμενον καὶ παρα-
βαλλόμενον.

Th IX 18, 2:

Τὸ δὲ θηλύφονον, οἱ δὲ σκορπίον καλοῦσι διὰ τὸ τὴν ῥίζαν
ὁμοίαν ἔχειν τῷ σκορπίῳ, ἐπι-
ξυόμενον ἀποκτείνει τὸν σκορπίον·
ἐὰν δέ τις ἑλλέβορον λευκὸν κατα-
πάσῃ, πάλιν ἀνίστασθαί φασιν·
ἀπόλλυσι δὲ καὶ βοῦς καὶ πρόβατα
καὶ ὑποζύγια καὶ ἁπλῶς πᾶν τε-
τράπουν, ἐὰν εἰς τὰ αἰδοῖα τεθῇ
ἡ ῥίζα ἢ τὰ φύλλα αὐθήμερον·
χρήσιμον δὲ πρὸς σκορπίου πληγὴν
πινόμενον. Ἔχει δὲ τὸ μὲν φύλλον
ὅμοιον κυκλαμίνῳ, τὴν δὲ ῥίζαν,
ὥσπερ ἐλέχθη, σκορπίῳ. Φύεται
δὲ ὥσπερ ἡ ἄγρωστις καὶ γόνατα
ἔχει· φιλεῖ δὲ χωρία σκιώδη.

Wie konnte die Quelle des D. aus Th. entnehmen, dafs das
θηλυφόνον mit dem ἀκόνιτον identisch sei? Bei Th. steht davon
kein Wort; dafs dies aber alte botanische Überlieferung war,
beweist die Parallelüberlieferung bei Nikander Alex. v. 12 ff. (Apollodor
vgl. O. Schneider Nic. zu v. 38), deren nahe Berührung mit D. besonders in den Pflanzensynonyma (v. 36: μυοκτόνον, v. 38: παρδαλιαγχές, v. 41: θηλυφόνον, κάμμαρον) uns die sichere Gewähr
giebt, dafs im D. thatsächlich alte, vom Th. unabhängige Tradition
vorliegt. Bei Plinius (XXVII 9) führt diese Pflanze aufserdem das
naheliegende, von der skorpionartigen Krümmung der Wurzel her-
geleitete Synonym σκορπίον, das in der dioskurideischen Überlieferung fehlt, dagegen bei Th. wiederkehrt. Da aber der Bericht

---

1) Es ist vermutlich der gemeine Gemswurz gemeint (Doronicum
pardalianites L.). Vgl. Wagler s. v. ἀκόνιτον in Pauly-Wissowas Real-
encyklopädie.
2) Der Anfang lautet bei Orib.: ἀκόνιτον ἢ παρδαλιαγχὲς ἢ κυ-
νοκτόνον· φύλλα ἔχει κτλ.
3) κάμμορον P. V. F. H. vgl. Erot. s. καμμάρῳ. Nic. Alex. 41.
4) θηροφόνον P. V. F.
5) καί fehlt P. V. F. p.
6) σπιθαμιαῖος V.

des Plinius wegen der grofsen Übereinstimmung mit Nikander uns auf die im Nikander verarbeitete botanisch-iologische Überlieferung und nicht auf Th. führt, so müssen wir nach aller Logik der Quellenbenützung auch annehmen, dafs dieses Synonym ihm nicht durch Th. vermittelt ist. Das gleiche gilt für eine zweite in jener plinianischen Beschreibung des ἀκόνιτον auftretende Notiz (XXVII 5), die wieder nur bei Th. eine Parallele hat, dafs nämlich die Wurzel des Akoniton gegen Skorpionstich nützlich sei (vgl. Nic. Th. 885). Es folgt dies aus dem Plus der plinianischen Notiz: hoc quoque tamen in usus humanae salutis vertere scorpionum ictibus adversari experiendo datum in vino calido = Th. χρήσιμον δὲ πρὸς σκορπίου πληγὴν πινόμενον. Von der weifsen Seerose (nymphaea alba L. Fraas 128) berichten beide (Th. IX 13, 1. D. III 138, 478), dafs sie in Teichen und Sümpfen wachse, so z. B. in Boiotien, und dafs sie ein grofses, auf dem Wasser schwimmendes Blatt habe: von beiden wird sie als innerliches Mittel gegen Ruhr empfohlen. Über ihre Verbreitung machen beide voneinander abweichende Angaben: D. kennt ihr Vorkommen im Peloponnes (Elis), Th. in Attika in der Umgebung von Marathon und auf Kreta.[1]) Die weiteren Angaben des Th., dafs die Boioter die Frucht gegessen und sie μαδωναῖς genannt hätten, dafs die Blätter blutstillende Kraft besäfsen, fehlen bei D., der trotzdem in der Beschreibung unendlich viel reichhaltiger und genauer ist.

Th. (IX 16, 1) und D. (III 34) unterscheiden drei Arten Diktamon: den echten Diptam-Dosten (Origanum Dictamnus L. Fraafs 181), der auf Kreta wächst, dem Polei ähnlich sieht, scharf schmeckt wie jener und bei Geburten gute Dienste leistet, den falschen Diptam (Fraals 180), der dem echten im Aussehen und in der Wirkung gleicht, nur viel schwächer ist, und das Marrubium acetabulosum L. (Sprengel II 384), das in den Blättern der wilden Minze gleicht, aber längere Zweige hat. Soweit stimmen beide; doch sieht jeder, dafs sich die Übereinstimmung nur auf einzelne charakteristische Züge der Beschreibung erstreckt.

Neben dieser Übereinstimmung steht bei D.[2]) eine Abweichung, die allerdings Bedenken erregt, da sie im Widerspruch zur Wirklichkeit steht: nach D., d. h. vermutlich Krateuas, soll nämlich der echte Diptam weder Blüten noch Früchte tragen: οὔτε δὲ ἄνθος οὔτε καρπὸν φέρει (so P. F. H. C. N. O.). Dagegen Th.: χρῶνται δὲ τοῖς φύλλοις, οὐ τοῖς κλωσὶ οὐδὲ τῷ καρπῷ. Ich erwähne diese Schwierigkeit, gestehe aber offen, dafs ich sie nicht zu lösen vermag. Das bekannte Paradoxon, das auch in die zoologische Litte-

---

1) Vgl. Plin. XXV 75: laudatissima in Orchomenia et Marathone. Boeoti mallon (?) vocant et semen edunt = Th.
2) Plin. XXV 92 stammt wieder einmal sicher aus Th. IX 16, 1 ff.

ratur übergegangen ist, von der Kraft des Diptam, die angeschossenen
Ziegen, die davon fressen, von den Pfeilen zu befreien, kehrt seit
Th. in der bot.-pharm. Litteratur regelmäfsig wieder: dafs es älter
ist als Theophrast, bezeugen seine eigenen Worte: Ἀληθὲς δέ φασιν
εἶναι καὶ τὸ περὶ τῶν βελῶν ὅτι φαγούσαις ὅταν τοξευθῶσιν ἐκβάλλει.
Eine erfreuliche Bestätigung dafür, dafs D. und Th. an den
übereinstimmenden Stellen auf eine gemeinsame Quelle zurückgehen,
erhalten wir durch Nikander. Ich habe in meinem Aufsatze über
Sextius Niger[1]) auf die nahe Verwandtschaft der wenigen aus-
führlicheren Pflanzenbeschreibungen des Nikander mit Dioskurides
dem Theophrast gegenüber aufmerksam gemacht und unter der
Voraussetzung, dafs diese Pflanzenbeschreibungen aus derselben
Quelle stammen wie sein reiches iologisches Material, d. h. aus
Apollodor, den weiteren unabweislichen Schlufs gezogen, dafs
Apollodor und Theophrast dieselbe Quelle benützt haben.[2]) Dabei
will ich von vornherein zugeben, dafs die obige Voraussetzung auf
Vermutung beruht, die allerdings nach alledem, was wir durch die
treffliche Arbeit O. Schneiders von Apollodor und von der Arbeits-
weise des Nikander wissen, als mindestens höchst wahrscheinlich
bezeichnet werden darf. Denn wenn uns von Apollodor ausdrücklich bezeugt ist, dafs er Pflanzensynonyma gegeben hat[3]), wenn
uns ferner die Übereinstimmung des von E. Rohde[4]) edierten Aus-
zuges aus Archigenes mit Nikander dafür bürgt, dafs die gemeinsame Quelle beider, d. h. derselbe Apollodor, thatsächlich Pflanzenbeschreibungen in sein iologisches Werk aufgenommen hat[5]), so
wird jeder die Zuversicht begreifen, mit der ich die obige Vermutung auszusprechen gewagt habe.[6]) Doch dem sei wie ihm
wolle, auf jeden Fall glaube ich der Annahme E. Meyers[7]) widersprechen zu dürfen, dafs die Beschreibungen des Nikander dem
Th. entlehnt sind. Zu diesem Widerspruche zwingt uns die Über-

---

1) Herm. XXIV 561 f.
2) Die Benützung des Th. durch Apollodor wird durch die Lebenszeit des letzteren von vornherein ausgeschlossen. Vgl. Herm. a. a. O.
3) Ath. XV c. 27 p. 483.
4) Rh. Mus. XXVIII 270 f.
5) So z. B. die Beschreibung des ἀκόνιτον, von dem es bei Ael.
Prom. folgendermafsen heifst: περὶ ἀκονίτου· τὸ ἀκόνιτον φύεται μὲν ἐν
ἀκόναις· λόφος δέ ἐστιν ἐν Ἡρακλείᾳ, οὕτω καλούμενος ἀκόναι, ὡς ἱστορεῖ
Θεόπομπος καὶ Εὐφορίων δὲ ἐν ⟨τῷ⟩ ξενίῳ· ἔστι δὲ τὸ ἀκόνιτον ῥιζίον
ἀγρώστιδι ἐμφερές· ἀπὸ τοῦ τόπου [οὗ] τὸ ὄνομα κέκτηται, ὃ καὶ παρδαλιαγχές τινες ὀνομάζουσι διὰ τὸ τὰς παρδάλεις ἀπογευομένας τούτου
πνιγμὸν ὑπομένειν. Den Text verdanke ich der Abschrift des Vatic. 299,
die mir E. Rohde zur Verfügung gestellt hat.
6) Die Benützung des Apollodor für Pflanzenbeschreibungen seitens
der späteren Pharmakologen halte ich deshalb für ausgeschlossen, weil
seine Schrift eine Spezialschrift war, also nur eine beschränkte Anzahl
von Pflanzen beschreiben konnte, soweit sie für die Iologen von Wich-
tigkeit waren.
7) Geschichte der Botanik I 249.

einstimmung mit D., und an Benützung des Nikander durch D.
wird trotz Meyer nach dem überzeugenden Beweise Schneiders, dafs
Nikander von den späteren Ärzten niemals stofflich verwertet ist,
kein Verständiger glauben wollen.

In hohem Grade auffällig und zugleich ausschlaggebend für
meine Behauptung ist die nahe Berührung der nikanderschen Beschreibung des πάναχες χειρώνιον (Ther. 500 f.)[1]) mit D. (III 50, 399)
dem Theophrast (IX 11, 1)[2]) gegenüber. Nach D. und Nik. wächst
die Pflanze auf dem Pelion und ist nach dem Kentauren Chiron
benannt: nach Th. liebt sie fetten Boden, die Notiz über die Ableitung des Namens fehlt bei ihm. Nach beiden gleicht ihr Blatt
dem Majoran, nach Th. dem des Ampfer. Von der Wurzel heifst
es bei Th. ganz allgemein, sie sei klein; bei Nik. und D.: sie gehe
nicht in die Tiefe (οὐ βυθόωσα — οὐ βαθεῖα). Die Vermutung
des trefflichen J. G. Schneider[3]): quae (sc. D. verba) sumta e Ni-
candro vel c communi fonte esse nemo dubitaverit darf somit als
gesichert gelten. Die gröfsere Reichhaltigkeit des Th. in seinem
Bericht über die medizinischen Wirkungen dieser Pflanze beweist
mit Berücksichtigung der Worte des Nic. Th. 508: παντὶ γὰρ
ἄρκιός ἐστι· τό μιν πανάκτιον ἔπουσιν, dafs die Urquelle in dem
pharmakologischen Teile ausführlicher gewesen ist als D. und
Nicander.[4])

Von der Osterluzei (ἀριστολοχία), die noch heutzutage in
Griechenland wegen ihrer Heilwirkungen geschätzt wird, kannte die
ältere griechische Botanik (Nic. Ther. 509 f.) zwei Abarten, die
männliche und weibliche, die in der späteren Botanik (Crateuas)[5])
nach der charakteristischen Beschaffenheit ihrer Wurzeln ἀριστολοχία μαχρά und στρογγύλη genannt wurden. Zu diesen beiden Arten
kamen noch zwei andere, die κληματῖτις und πλειστολοχία (Sextius
Niger).[6]) Theophrast erwähnt nur eine Art (IX 20, 4; darnach
interpoliert IX 13, 3), deren Beschreibung so allgemein gehalten
ist, dafs der Versuch einer Identifizierung als aussichtsloses Be-

---

1) Sprachlich nachgeahmt ist Nikander vom Verfasser des carmen
de herbis, worauf bereits M. Haupt aufmerksam gemacht hat. Aus der
Paraphrase des carmen de herbis zur Beschreibung des κενταύριον
(= χειρώνιον Plin. XXV 66, schol. Nic. Th. 500) stammt die Interpolation
bei Diosk. III 6, 349.
2) Aus ihm stammt die Beschreibung bei Plin. XXV 32 durch Vermittelung einer lateinischen Quelle; vgl. schol. Nic. Th. 500.
3) Vgl. seine Ausgabe von Nikanders Theriaca, Lipsiae 1816, 247.
4) Nach D. wird gegen Schlangenbifs entweder ein Absud der
Wurzel oder ein Umschlag aus der κόμη verwandt. Ebenso Plinius
XXV 99, der aus Sextius Niger schöpft. Nikander kennt nur die Verwendung der Wurzel mit Wein.
5) Vgl. Isid. Orig. XVII 9, 52. Ps.-Diosk. de herbis femininis Herm.
XXXI 597. Ebenso der Verfasser der vom Schreiber des Const. und
Neap. benützten illustrierten Pharmakopoe.
6) Plin. XXV 95.

2*

mühen gelten darf.[1]) Dem gegenüber erscheint aber die Übereinstimmung zwischen D. III 4, 343 und Nikander (Ther. 509) als so frappant, dafs ohne jedes Bedenken auf Gemeinsamkeit der Quelle geschlossen werden darf. Besonders hervorheben will ich nur vier gemeinsame Züge der Beschreibung: die Vergleichung der Blätter mit dem Epheu[2]), der Frucht mit einer Birne (gilt nach D. für die ἀριστολοχία μακρά), die Notiz über die Buchsbaumfarbe der Wurzeln und die genauere Angabe der Dosis (1 Drachme) für die Verwendung der Wurzel gegen Schlangenbifs.

Die nikandersche Beschreibung des Asphaltklee (Psoralea bituminosa L. Nic. Th. 520 f.), der von Th. überhaupt nicht erwähnt wird, trotzdem er in der älteren Litteratur bekannt ist[3]), und die des D. (III 113) tragen wieder so unverkennbar den Stempel gemeinsamer Herkunft, dafs eine Gegenüberstellung beider Berichte jeden Zweifel an ihrem Ursprung ersticken wird:

Nic. Th. 520:

Ναὶ μὴν καὶ τρίσφυλλον ὀπάζεο
κνωψὶν ἀρωγήν,
ἠέ που ἐν τρήχοντι πάγῳ ἢ
ἀποσφάγι βήσσῃ,
τὴν ἤτοι μινυανθές, ὁ δὲ τριπέτηλον ἐνίσποι,
χαίτην μὲν λωτῷ, ῥυτῇ γε μὲν
εἴκελον ὀδμήν.
Ἤτοι ὅτ' ἄνθεα πάντα καὶ ἐκπτίλα
ποικίλα χεύῃ,
οἷόν τ' ἀσφάλτου ἀπερεύγεται·
ἔνθα κολούσας

D. III 113, 458:[4])

Τρίφυλλον· οἱ δὲ μινυανθές, οἱ δὲ
ἀσφάλτιον, οἱ δὲ κνήκιον[5]), οἱ δὲ
ὀξύφυλλον καλοῦσι· θάμνος ἐστὶ πήχεως ἢ μείζων, ῥάβδους ἔχων λεπτάς,
μελαίνας, σχοινώδεις, παραφυάδας
ἐχούσας[6]), ἐφ' ὧν φύλλα ὅμοια λωτῷ
τῷ δένδρῳ, τρία καθ' ἑκάστην βλάστησιν· ὀσμὴ δ' αὐτῶν ἄρτι μὲν φυομένων πηγάνου, αὐξηθέντων δ' ἀσφάλτου· ἄνθος δ' ἀνίησι πορφυροῦν,
σπέρμα δὲ ὑπόπλατυ, ὑπόδασυ, ἐκ
τοῦ ἑτέρου πέρατος ὥσπερ κεραίαν

---

1) Seine grofse Ausführlichkeit in der Angabe ihrer medizinischen Wirkungen spricht für die Annahme von Frans (267), dafs er dabei an die aristolochia rad. rotunda gedacht hat. Seine Beschreibung geht nicht auf eine einzelne Pflanze, sondern scheint die gemeinsamen Merkmale der ganzen Art zu umfassen.

2) Die pharmakologische Botanik betonte diese Ähnlichkeit. Vgl. schol. Nic. Ther. 509.

3) Vgl. Hippocrates nat. mul. II 557 (K.) u. ö.

4) Plin. XXI 54 folgt einer anderen Quelle als D. Er unterscheidet 3 Arten des trifolium: 1. μινυανθές, ἀσφάλτιον mit grofsem Blatt. 2. ὀξυτρίφυλλον trif. acutum mit spitzen Blättern. Vgl. Scrib. Larg. 163. 3. tertium minutissimum. Dieselbe Unterscheidung scheint seiner Besprechung der pharmakologischen Wirkung des trifolium (XXI 152) zu Grunde zu liegen. Das Citat des koischen Arztes Simos (Strab. XIV 657), vielleicht eines jüngeren Zeitgenossen des Hippokrates, stammt nicht aus Sextius Niger vgl. Plin. XXII 72.

5) So P. κνίδιον F. κνίκιον H.

6) ἔχουσα P. V.

σπέρμαϑ' ὅσον κύμβοιο τραπε-
ζήεντος ἑλέσϑαι
καρδόπῳ ἐντρίψας, πιέειν δ'
ὀφίεσσιν ἀρωγήν.

ἔχον· ῥίζα λεπτή, μακρά, στερεά . . .
ἱστόρησαν δέ τινες[1]), ὅτι ὅλου τοῦ
ϑάμνου καὶ τῆς ῥίζης τὸ ἀφέψημα
καὶ τῶν φύλλων καταντλούμενον ἐπὶ
τῶν ἑρπετοδήκτων[2]) παραιτεῖται τοὺς
πόνους.

Vom Chamäleon unterscheidet D. (III 8, 352) zwei Arten,
die weifse und schwarze, von denen jene als Mastixdistel (atractylis
gummifera L.), diese als Schirmsafflor (carthamus corymbosus) ge-
deutet worden ist (Fraas 205 f.). Th. kennt dieselben beiden Arten
und bezeichnet die Wurzel als das charakteristische Unterscheidungs-
merkmal (IX 12, 1): die Wurzel des weifsen χαμαιλέων sei weifs,
dick, süfs und habe einen strengen Geruch, die des schwarzen sei
dick und schwarz, im Innern gelblich. Bei D. heifst es in Übereinstimmung mit Th.: ῥίζαν (sc. des weifsen Ch.), ἐν μὲν τοῖς εὐγείοις
παχεῖαν, ἐν δὲ τοῖς ὀρεινοῖς ἰσχνοτέραν, λευκὴν διὰ βάϑους, ὑπαρω-
ματίζουσαν, βαρύοσμον, γλυκεῖαν. Von dem schwarzen Chamäleon:
ῥίζα δὲ παχεῖα, μέλαινα, πυκνή, ἐνίοτε καὶ βεβρωμένη, σχισϑεῖσα δὲ
ὑπόξανϑος, διαμασηϑεῖσα δηκτική. Aufserdem vergleichen beide das
Blatt beider Abarten mit dem der Golddistel, bezeichnen dasjenige
des schwarzen Chamäleon als kleiner und heben als charakteristisch
für die weifse Abart den grofsen distelartigen Blütenkopf hervor,
der stiellos auf der Erde liegt und für die schwarze Abart das
schirmartige Ausbreiten der Blüten. Ich denke, der Schlufs ist
unabweislich, dafs beide dieselben Pflanzen gemeint haben: wenn
D. von dem weifsen Ch. weiter zu berichten weifs, dafs sich an
seiner Wurzel häufig eine wachsartige Masse finde, so berechtigt
das noch keineswegs dazu, in dem χαμαιλέων λευκός des Th. eine
andere Pflanze zu sehen: man darf dabei nicht vergessen, dafs Th.
in den seltensten Fällen eine erschöpfende Beschreibung der von
ihm behandelten Pflanzen giebt. Die Unabhängigkeit beider Beschreibungen wird wieder gewährleistet durch Nikander Th. 656,
bei dem dieselbe von Theophrast unabhängige Beschreibung erhalten ist: 'Suche den hellglänzenden Chamäleon sowie den dunkel-
farbigen. Von den beiden Abarten gleicht der schwarze in seinem
Aussehen der Golddistel und breitet sich mit seinen Blüten schirm-
artig aus, seine Wurzel ist stark und rufsfarbig; er wächst in
schattigen Bergwäldern und auf Weideplätzen. Die andere Art
ist immer reich belaubt und trägt in der Mitte einen schwerfälligen
Blütenkopf platt an der Erde; ihre Wurzel ist weifslich und süfs
von Geschmack. Von der weifsen gieb eine Drachme in Flufs-
wasser gegen Schlangenbifs zu trinken.'

---

1) So F. P. V.
2) τοὺς πόνους παραιτεῖται F. H. παραιτεῖται τοὺς πόνους Γ. V.

Es bedarf weiter keines Wortes, um zu beweisen, daſs Theophrast, Nikander, Dioskurides in letzter Linie auf dieselbe Quelle zurückgehen. Daſs diese kein botanisches, sondern ein botanisch-pharmakologisches Werk gewesen ist, erhellt aus der Übereinstimmung der theophrastischen und dioskurideischen Angaben über die medizinische Kraft beider Pflanzen: die weiſse Art treibt den Bandwurm ab, wenn man ein Oxybaphon davon in einem Gemisch von saurem Wein trinkt, und tötet Hunde und Schweine, jene mit Mehl, Öl und Wasser gemischt, diese mit wildem Kohl vermengt. Die schwarze Abart beseitigt Aussatz und Sommersprossen.

Von den übrigen Pflanzen des Nikander sind nur noch das ἀλκιβιάδειον und die beiden Arten des ἔχιον etwas genauer beschrieben. Die erstere, von Nic. 541 ἀλκίβιος ἔχις benannt, hat stachlige Blätter, veilchenähnliche Blüten und eine lange, dünne Wurzel. Diese Beschreibung entspricht der der ἄγχουσα ἑτέρα des D. IV 24, die auch ἀλκιβιάδειον genannt wurde:

Nic. Ther. 541:	D. IV 24, 524:
Ἐσθλὴν δ' Ἀλκιβίου ἔχιος περιφράζεο ῥίζαν, τῆς καὶ ἀκανθοβόλος μὲν ἀεὶ περιτέτροφε χαίτη, λείρια δ' ὡς ἶα τοῖα περιτρέφει· ἡ δὲ βαθεῖα καὶ ῥαδινὴ ὑπένερθεν ἀέξεται οὐδεῖ ῥίζα.	Ἄγχουσα ἑτέρα[1]), ἣν ἔνιοι ἀλκιβιάδειον ἢ ὀνοχειλὲς ἐκάλεσαν· αὕτη διαφέρει τῆς πρώτης τῷ μικρότερα ἔχειν τὰ[2]) φύλλα, τραχέα δ' ὁμοίως καὶ τὰ κλωνία λεπτά, ἐφ' ὧν ἄνθος πορφυροειδὲς[3]) ὑποφοινικοῦν· ῥίζας δ' ἐρυθράς, εὐμήκεις, περὶ τὸν πυραμητὸν ἐχούσας[4]) τι αἱματῶδες· φύεται[5]) ἐν ἀμμώδεσι τόποις. Δύναμις δ' αὐτῆς καὶ τῶν φύλλων θηριοδήκτοις βοηθεῖν, μάλιστα δὲ ἐχιοδήκτοις, ἐσθιόμενα καὶ πινόμενα καὶ περιαπτόμενα ...

Die beiden ἔχιον-Arten (Nik. Th. 636 f.) sind das ὠκιμοειδές und ἔχιον des D. IV 27. 28, 526 f., von denen die erste thatsächlich nach der besten Überlieferung des D. auch den Namen ἔχιον führte. Die reiche Verzweigung, die Purpurfarbe der Blüte und die Ähnlichkeit der Frucht mit einem Natternkopfe (Nik. Th. 640 f.) wird auch von D. von dem eigentlichen ἔχιον hervorgehoben.

Die vorhergehende Darlegung wird hoffentlich jeden überzeugt haben, daſs die Übereinstimmung zwischen Th. und der von D. repräsentierten Überlieferung durch die Benützung derselben Ur-

---

1) O.: ἄλλη ἄγχουσα, ἣν καὶ ἀλκιβιάδειον ἢ ὀνοχειλὲς ἐκάλεσαν.
2) τά fehlt O.
3) πορφυροειδὲς ἢ φοινικοῦν O. ὑποφοινίζον C. ὑποφοινίζον N.
4) So P. O. F. H. ἔχουσα ἀγγια (ἄνγια N.) αἱματώδη C. N.
5) φ. δὲ ἐν ἀνεμώδεσι τ. O.

quelle zu erklären ist. Halten wir nunmehr nach dem Urheber
derselben Umschau, so ergeben sich für ihn folgende Kriterien: er
war ein Rhizotom oder Arzt, der die Pflanzen beschrieb mit Angabe ihrer medizinischen Wirkungen, gelegentlich auch Synonyma
beifügte sowie Vorschriften über das Wurzelgraben gab und endlich von Theophrast, Nikander (Apollodor) und der späteren pharmakologischen Litteratur benützt worden ist. Der einzige Schriftsteller, der in Betracht kommt, d. h. der einzige, von dem uns
ῥιζοτομικά aus vortheophrastischer Zeit überliefert sind und dessen
Verdienste um die Botanik von den späteren[1]) gerühmt werden,
ist der bedeutendste Arzt des 4. Jh. Diokles von Karystos. Über
seine Zeit liegen allerdings keine bestimmten Angaben vor, aber
soviel ergiebt sich aus ihnen, dafs er nach Hippokrates und vor
Praxagoras, einem Zeitgenossen des Chrysipp, gelebt hat[2]), sodafs
man ihn für einen Sohn des ersten Drittels des 4. Jh. halten darf.
Theophrast hat ihn sicher gekannt und benützt: in seiner Schrift
περὶ λίθων (c. 5, 344 W., vgl. Plin. XXXVII 53) berichtet er mit
ausdrücklicher Berufung auf ihn, dafs das λυγγούριον magnetische
Kraft habe: ἕλκει γὰρ (sc. τὸ λυγγούριον) ὥσπερ τὸ ἤλεκτρον, οἱ δέ
φασιν οὐ μόνον κάρφη καὶ φύλλα (Plin. ξύλον Hds.), ἀλλὰ καὶ χαλκὸν
καὶ σίδηρον, ἐὰν ᾖ λεπτός, ὥσπερ καὶ Διοκλῆς ἔλεγεν (quod Diocli
cuidam Theophrastus quoque credit. Plinius). Dafs Diokles in Athen
gewirkt hat, schliefse ich aus den Worten des Theod. Prisc. ad
Euseb. de physica scientia in den med. ant. 315[b]: Diocles sectator
Hippocratis, quem Athenienses iuniorem Hippocratem vocarunt.
    Die Schriftstellerei des Diokles umfafste das Gesamtgebiet der
Pharmakologie: hierhin gehören seine ῥιζοτομικά[3]), die Schrift
περὶ λαχάνων[4]), welche die erstere ergänzt, und περὶ θανασίμων
φαρμάκων[5]). Die Bruchstücke, die uns aus diesen Schriften erhalten
sind, ordnen sich vortrefflich dem Bilde ein, das wir von der Quelle
gewonnen haben. Das einzige sichere Citat aus seinen ῥιζοτομικά
liefert uns den urkundlichen Beweis in die Hand, dafs er Pflanzenbeschreibungen gegeben hat und in der späteren pharmakologischen
Litteratur benützt ist. Es steht in den Scholien zu Nikander und
lautet folgendermafsen: 'τὸν ἔρινον Διοκλῆς[6]) ἐν τῷ ῥιζοτομικῷ φησιν
εἶναι ὅμοιον ὠκίμῳ. βοηθεῖ δὲ πρὸς τὰ θηρία. φύεται δὲ πρὸς
ποταμοὺς καὶ κρήνας καὶ τόπους εὐηλίους.' Dieselbe Vergleichung

---

1) Plin. XXVI 10.
2) Vgl. Cels. I prooem. Diokles wird von Praxagoras benützt: Ath.
II 46 d. Rh. Mus. XLIX 542. 549. 550. Über die Chronologie der Ärzte
des 4. Jh. werde ich demnächst ausführlicher handeln.
3) Schol. Nic. Th. 647.
4) Gal. XVIII[1] 712. Gal. XIX 89.
5) Ath. XV 27 p. 483.
6) Der Name des Diokles ist häufig verderbt in Διοσκορίδης (Gal.
XIX 89), Νεοκλῆς (Ael. XVII 15) und vielleicht auch in Ἐπικλῆς (Erot.
s. φαρμάκοισι πλατυνοφθαλμοῖς).

der Pflanze mit der Basilie (ocimum basilicum L.), dieselbe Notiz
über ihren Standort und ihre Heilwirkung liest man in der Quelle
des Dioskurides IV 29, 527: Ἔρινος φύεται παρὰ ποταμοῖς καὶ
κρήναις· φύλλα ἔχει ὠκίμῳ ὅμοια, μικρότερα δὲ καὶ ἐπεσχισμένα ἐκ
τῶν ἄνωθεν μερῶν, κλωνία δὲ πέντε ἢ ἓξ σπιθαμιαῖα· ἄνθη λευκὰ . . .
und Plin. XXIII 131: Herbam quoque Graeci erineon vocant red-
dendam in hoc loco propter gentilitatem. palmum alta est, cauli-
culis quinis fere, ocimi similitudine, flos candidus . . . folia resistunt
venenis.   Nikander (Ther. 645 f.) scheint gleichfalls von Diokles
abhängig zu sein; wenigstens kennt er denselben Standort (ἅρπεζαι
= τόποι εὐήλιοι) und ihre Verwendung gegen Schlangenbiſs:

$$\text{φέροις δ' ἰσορρεπὲς ἄχθος}$$
$$\text{ἀμφοῖιν κλώθοντος }^{1}) \text{ ἐν ἀρπέζῃσιν }^{2}) \text{ ἐρίνου.}$$

Ohne Angabe des Titels steht ein Citat des Diokles bei Plin.
XX 255, welches gleichfalls beweist, daſs er Pflanzen beschrieben
hat.   Plinius erwähnt ihn des öfteren: die meisten Citate gehören
seiner Schrift περὶ λαχάνων an: gelesen hat er ihn ebensowenig
wie die übrigen älteren Ärzte, die er citiert: die Vermittler der
Dioklescitate sind Sextius Niger und ein zweiter Botaniker. Er handelt
a. a. O. vom wilden Fenchel (ἱππομάραθρον), von dem er zwei Arten
unterscheidet: für die zweite Art, die ein schmales und langes Blatt
hat und deren Same dem Koriander gleicht, wird Diokles ausdrücklich als Gewährsmann angeführt: Est in hoc genere et sil-
vestre quod hippomarathum, alii myrsineum vocant, foliis maiori-
bus, gustu acriore, procerius, baculi crassitudine, radice candida.
nascitur in calidis et saxosis.   Diocles et aliud hippomarathi
genus tradidit, longo et angusto folio, semine coriandri. Medicinae
in sativo ad scorpionum ictus et serpentium semine in vino poto . . . .
Petrichus qui ophiaca scripsit et Miccion qui rhizotomumena ad-
versus serpentes nihil efficacius hippomaratho putavere.   sane et
Nicander (Ther. 598) non in novissimis posuit.   Die diokleische
Beschreibung der zweiten wildwachsenden Fenchelart kehrt bei
D. wieder ohne Nennung der Quelle (III 75, 419): καλεῖται καὶ
ἕτερον ἱππομάραθρον, φύλλα ἔχον μικρά, στενά, προμήκη· καρπὸν δὲ
στρογγύλον πρὸς τὸν τοῦ κορίου, δριμὺν, εὐώδη, θερμαντικόν· ἀνα-
λογεῖ δ' αὐτοῦ ἡ δύναμις τῷ προειρημένῳ, ἀσθενέστερον ἐνεργοῦσα.
Die meisten Notizen des Plinius und Dioskurides über die medizinische Verwendung beider Arten berühren sich ebenfalls, trotzdem die unmittelbare Vorlage beider eine andere ist.   Daſs sie
auf Diokles zurückgeben, läſst sich zwar nicht direkt erweisen,

---

1) κλώθοντος ist auf den Saft der Pflanze zu beziehen. Vgl. Nik.
Alex. 93 und schol.; τῷ ὡς ῥῆμα κλωθομένῳ χυλῷ τῆς μαλάχης.
2) Vgl. schol. ἅρπεζαι τόποι, ἐν οἷς φύεται ὁ ἔρινος. Die Aldina fügt
noch hinzu: ὑπωρείας, ἃς δὴ καὶ ἀρπέζας εἶπεν. ἅρπεζα γὰρ οἱονεὶ
ὀρόπεζα. Vgl. Hes. s. ἀρπέζας.

wird aber sehr wahrscheinlich, wenn man bedenkt, dafs er nach unserer Überlieferung der erste und einzige ist, der ausführlicher über beide Arten gehandelt hat.[1]) Sicher dürfen wir die Notiz über die Verwendung des wilden Fenchels gegen Schlangenbifs (D. Pl. Nic. Th. 596) für ihn in Anspruch nehmen, da sie bereits einem Arzte des ausgehenden 4. Jh. bekannt ist, dem Petrichos von Ägina, dessen Gedicht Ὀφιακά das diokleische Werk περὶ θανασίμων φαρμάκων zur Voraussetzung hat.[2]) Aus der Angabe des Theophrast (VI 1, 4), der den wilden Fenchel zusammen mit dem μάραθρον zu den Staudengewächsen rechnet[3]), läfst sich weiter nichts entnehmen. Besondere Vorliebe des Diokles für Pflanzen-synonyma folgt aus seinen Bruchstücken: die vier hierauf bezüg-lichen Bruchstücke mögen hier noch einmal der Vollständigkeit wegen Platz finden.

1. Schol. Nic. Ther. 628: φησὶν Διοκλῆς τὴν κονίλην ὑφ᾽ ὧν μὲν ἡράκλειον καλεῖσθαι [καὶ] ὀρίγανον, ὑφ᾽ ὧν δὲ ἀγρίαν ὀρίγανον καὶ πάνακες. Zwei dieser Synonyma erwähnt auch Nikander-Apollodor (Ther. 626: πανάκτειόν τε κονίλην, ἥν τε καὶ Ἡράκλειον ὀρίγανον ἄμφις ἔπουσι), folglich schöpft er aus Diokles. D. III 29: Ὀρίγανος ἡρακλεωτική, οἱ δὲ κονίλην καλοῦσι ... III 31: Ἡ δὲ ἀγριορίγανος, ἣν πάνακες ἡράκλειον (so O. H. πάνακες ἢ ἡρακλείαν V. F.), οἱ δὲ κονίλην καλοῦσιν, ὧν ἐστι καὶ Νίκανδρος ὁ Κολο-φώνιος ... III 48, 399: καλοῦσί τινες πάνακες καὶ τὴν ἀγρίαν ὀρίγανον, οἱ δὲ κονίλην, περὶ ἧς εἴρηται ἐν τοῖς περὶ ὀριγάνου.

2. Erot. s. v. ἐκτόμου· Διοκλῆς φησιν οὕτω καλεῖσθαι τὸν μέλανα ἐλλέβορον. Vgl. Gal. gl. hipp. XIX 96: ἐκτόμου· ἐλλεβόρου μέλανος. Hippocrates γυναικεῖα II 730 (K.). D. IV 149, 630: ἐλλέβορος

---

1) Gal. XII 68 schreibt den D. aus.

2) Über Petrichos (Petron, Petronas) vgl. meine analecta medica Fleck. Jahrb. 1888, 153 f. H. Diels Arist. Jatr. Menon. 115. Er lebte nach Hippokrates und vor Erasistratos. Drei Citate aus seinem iologi-schen Gedicht decken sich mit Nikander: 1. Schol. Nic. Th. 557: ὅτι δὲ ὁ ἐγκέφαλος τῆς ὄρνιθος εἰς τοὺς ὀφιοδήκτους δῆλον· φησὶ καὶ Πέτριχος ἐν' Οφιακοῖς = Nik. Th. 557: Ἠὲ σύ γ᾽ ἐγκεφάλοιο περὶ σμήνιγγας ἀραιὰς ὄρνιθος λίψαιο κατοικάδος. Diosk. II 53: Ὁ δὲ ἐγκέφαλος αὐτῶν (sc. ἀλεκ-τορίδων) ἐν ποτήματι θηριοδήκτοις σὺν οἴνῳ δίδοται ... 2. Plin. XX 258 = Nik. Th. 596. Diosk. III 75, 418. 3. Plin. XXII 83: inlinitur (sc. cau-calis) et contra venena marinorum, sicut Petrichus in carmine suo signi-ficat = Nik. Ther. 843: σὺν δ᾽ ἄρα κανκαλίδας τε καὶ ἐκ σταφυλίνου ἀμήσας σπέρματα (sc. sind zu empfehlen gegen das Gift von Seetieren). Diese Übereinstimmung beweist, dafs Petrichos ältere Quellen benutzt hat, d. h. des Diokles Schrift περὶ θανασίμων φαρμάκων.

3) Der Scholiast zu Nik. Th. 596 irrt, wenn er den Theophrast das ἱπποκάραθρον mit dem ἱπποσέλινον identifizieren läfst. Der Ἀναχρέων, der das ἱππομάραθρον auch σμυρνεῖον und κόψιον nannte, ist verderbt. Der beigefügte Schrifttitel περὶ ῥιζοτομικῆς führt auf den richtigen Namen Μικκίων, der noch einmal schol. Ther. 617 erwähnt wird und der nach Plin. XX 258 thatsächlich über den wilden Fenchel handelte.

μέλας· οἱ δὲ μελαμπόδιον, οἱ δὲ ἔκτομον, οἱ δὲ πολύρριζον καλοῦσι (so P. V. F. H. bei Orib. fehlt ἔκτομον). Vgl. Plin. XXV 47. Rufus bei Orib. II 108. Hes. s. ἔκτομον· ἐλλέβορος· καὶ ἄτμητος λιβανωτός. Besondere Hervorhebung verdient die Thatsache, daſs Theophrast h. pl. IX 10, 4 die Bezeichnung des schwarzen Nieſswurz als ἔκτομον μελαμπόδιον erwähnt: καλοῦσι δὲ τὸν μέλανά τινες ἔκτομον μελαμπόδιον, ὡς ἐκείνου (sc. Μελάμποδος) πρῶτον τεμόντος καὶ ἀνευρόντος. Das Synonym μελαμπόδιον, das bei Diosk. Plin. und Rufus wiederkehrt, scheint gleichfalls von Diokles herzurühren.

3. Erot. s. v. σησαμοειδές· Διοκλῆς οὕτω φησὶ καλεῖσθαι τὸν ἐν Ἀντικύρᾳ ἐλλέβορον. ἕτεροι δὲ πόαν τινὰ ἑτέραν. D. IV 149, 630: καὶ ἐν αὐτῷ (sc. ἐλλεβόρῳ) καρπὸς κνήκῳ παραπλήσιος, ὃν καὶ αὐτὸν καλοῦσιν οἱ ἐν Ἀντικύρᾳ σησαμοειδῆ. Rufus bei Orib. II 109: τὸ δὲ σπέρμα αὐτοῦ ἐστι μὲν οἷον κνῆκος· καλεῖται δὲ καὶ τοῦτο σησαμοειδές.

4. Ath. XV 681 b: Διοκλῆς δ᾽ ἐν τῷ περὶ θανασίμων φαρμάκων 'ἀμάρακον, φησίν, ὃν σάμψυχόν τινες καλοῦσι.' Daſs diese Notiz auch in seinem botanischen Werke stand, beweist Plin. XXI 61: amaracum Diocles medicus et Sicula gens appellavere quod Aegyptus et Syria sampsucum; vgl. 163. D. III 41, 387: σάμψυχον· κράτιστόν ἐστι τὸ κυζικηνὸν καὶ κύπριον· δευτερεύει δὲ τούτου τὸ αἰγύπτιον· καλεῖται δὲ ὑπὸ Κυζικηνῶν καὶ τῶν ἐν Σικελίᾳ ἀμάρακον. Vgl. Nik. 575 f. mit Scholien.

5. Gal. XVIII¹ 712: τῆς βοτάνης δὲ τῆς πολυοφθάλμου καλουμένης, ἥτις καὶ βοὸς ὀφθαλμὸς ὀνομάζεται, τῷ φύλλῳ χρῆσθαι κελεύει (sc. Hipp.) παραπλησίως, ὡς ἔμπροσθεν ἐχρῆτο τῷ τοῦ βηχίου, τὴν αὐτὴν ἔχοντι καὶ τούτῳ δύναμιν. μέμνηται δὲ ταύτης τῆς βοτάνης καὶ Διοκλῆς ἐν τῷ περὶ λαχάνων.

Eine wesentliche Bereicherung erhält diese Seite der botanischen Schriftstellerei des Diokles durch Nikander-Apollodor: denn wenn die Spuren diokleischer Doktrin, die ich mit unserm knappen Fragmentenbestand im Nikander aufgedeckt habe, nicht trügen, so darf die Vermutung wohl als wahrscheinlich bezeichnet werden, daſs die Pflanzensynonyma, die dem Nikander-Apollodor und Dioskurides gemeinsam sind, für ihn in Anspruch genommen werden können.

6. Die Chamaepitys (Ajuga Jva L. schmalblättriger Günsel Fraas 172) hieſs nach Apollodor ὁλόκυρος, in Attika ἰωνία, auf Euböa σιδηρῖτις. Bei Diosk. III 165 heiſst es genauer Χαμαίπιτυς, ἣν ἔνιοι ἐν Πόντῳ ὁλόκυρον (ὁλόπυρον Orib.) καλοῦσιν, ἐν δὲ Εὐβοίᾳ σιδηρῖτιν, Ἀθήνησι δὲ ἰωνίαν. Vgl. schol. Nik. Alex. 55: θρῖα δ᾽ ἰδίως μὲν τὰ φύλλα τῆς συκῆς, ὥσπερ οἴναρα τὰ τῆς ἀμπέλου, νῦν δὲ τὰ τῆς χαμαιπίτυός φησιν, ἢ καὶ ὁλόκυρος (ὀνόγυρος Hds.) καὶ σιδηρῖτις λέγεται καὶ ἰωνία ἀγρία.

7. Für das ἀκόνιτον hat Nik. Alex. 36 f. folgende Synonyma: μυοκτόνον, πορδαλιαγχές, θηλυφόνον, κάμμαρον. O. Schneiders Ver-

mutung, dafs sie aus Apollodor stammen (vgl. s. adn. crit. v. 38), halte ich für unzweifelhaft richtig (vgl. S. 16), wenn auch in der Parallelüberlieferung bei Aelius Promotus (Archigenes) nur das eine Synonym παρδαλιαγχές steht. Vgl. Plin. XXVII 7 ff. D. IV 77, 574 kennt dieselben Synonyma: ἀκόνιτον· οἱ δὲ παρδαλιαγχές, οἱ δὲ κάμμορον, οἱ δὲ θηλύφονον (θηρόφονον P. V.; vgl. Erot. s. καμμάρῳ; Gal. XIX 107), οἱ δὲ κυνοκτόνον, οἱ δὲ μυοκτόνον.

8. Die ἑλξίνη (Glaskrant Parietaria diffusa Fraas 235) hat bei Nik. Ther. 537 das Synonym κλύβατις. Bei D. IV 86 (582) heifst es: 'Ελξίνη· οἱ δὲ παρθένιον, οἱ δὲ περδίκιον (fehlt P. V. dagegen F. H. Plin. XXII 41), οἱ δὲ σιδηρῖτιν, οἱ δὲ ἡρακλείαν, οἱ δὲ ὑγιεινὴν ἀγρίαν, οἱ δὲ κλύβατιν (λύβατιν P. V. λίβατιν F. H.), οἱ δὲ πολυώνυμον καλοῦσι (so P. V. F. H.). Vgl. Schol. Nik. Ther. 537: ἑλξίνη δὲ καὶ κλύβατις, σιδηρῖτις, παρθένιον, περδίκιον· πάντα γὰρ ἐπὶ ἑνὸς φυτοῦ. Unerklärlich ist mir die Angabe Nikanders über den Standort dieser Pflanze.

9. τρίφυλλον, μινυανθές. Nik. Ther. 522. Diosk. 522, vgl. S. 20. 10. ἔχιον, ἀλκιβιάδειον. Nik. Ther. 541. 636. Diosk. 524. 526. vgl. S. 22.

11. Nik. Th. v. 550 ff. nennt eine Abart des Andorn μελίφυλλον und μελίκταινα; vgl. Alex. 47 mit Scholien: τρία γένη εἰσὶ τοῦ πρασίου, δηλοῖ δὲ τὸ ποῖον βούλεται λέγειν· φησὶν οὖν τὸ μελίφυλλον· ἔστι δὲ τοῦτο πικρόν, οὐ τὰ φύλλα σὺν οἴνῳ ἔψησον πληρώσας τὴν χεῖρα.

'Η μὴν καὶ πρασίοιο χλοανθέος ἔρνος ὀλόψας
χραισμήσεις ὀφίεσσι πιὼν ἀργῆτι μετ᾽ οἴνῳ,
. . . .
τὴν ἤτοι μελίφυλλον ἐπικλείουσι βοτῆρες,
οἱ δὲ μελίκταιναν· τῆς γὰρ περὶ φύλλα μέλισσαι
ὀδμῇ θελγόμεναι μέλιτος ῥοιζηδὸν ἵενται.

D. III 108, 453 nennt sie μελισσόφυλλον; er kennt sie als besondere Pflanze mit folgender Beschreibung: Μελισσόφυλλον· ὅ ἔνιοι μελίτταιναν καλοῦσι διὰ τὸ ἥδεσθαι τῇ πόᾳ τὰς μελίσσας· ἔοικε ταύτης τὰ φύλλα καὶ τὰ καυλία τῇ προειρημένῃ βαλλωτῇ· μείζονα δὲ ταῦτα καὶ λεπτότερα, οὐχ οὕτω δασέα, ὄζοντα δὲ κιτρομήλων. 'Αρμόζει δὲ τὰ φύλλα ποτιζόμενα σὺν οἴνῳ καὶ καταπλασσόμενα πρός τε σκορπιοπλήκτους καὶ φαλαγγιοδήκτους καὶ κυνοδήκτους· καὶ τὸ ἀφέψημα δὲ αὐτῶν καταντλούμενον πρὸς τὰ αὐτὰ ποιεῖ. . . .

12. Plin. XXIII 27: Est ergo et nigra (sc. vitis), quam proprie bryoniam vocant, alii Chironiam, alii gynaecanthon aut aproniam, similem priori, praeterquam colore; huius enim nigrum esse diximus. asparagos eius Diocles praetulit veris asparagis in cibo urinae ciendae lienique minuendo. Darnach empfahl Diokles die Sprossen der schwarzfrüchtigen Zaunrübe zur Abführung des Harns und Verkleinerung der Milz und zog sie sogar denen des Spargels

vor. Damit stimmt D. IV 182, 676: καὶ ταύτης (sc. τῆς ἀμπέλου μελαίνης) οἱ καυλοὶ κατὰ τὴν πρώτην ἐκβλάστησιν λαχανεύονται· εἰσὶ δὲ καὶ οὐρητικοί, καταμηνίων κινητικοί, τηκτικοὶ σπληνός. Dies Bruchstück hilft uns etwas weiter: zunächst ergiebt sich daraus, dafs Diokles beide Arten der Zaunrübe (ἄμπελος λευκή und μέλαινα des Diosk.) behandelt hat. Nun lesen wir bei D. IV 181, 673 f. und Plin. XXIII 21 f. wieder eine Fülle von Synonyma für beide Pflanzen. Die Vermutung liegt nach dem Vorhergehenden nahe genug, dafs sie zum Teil auf Diokles zurückgehen. Die Parallelüberlieferung gestattet uns, die Vermutung zur Gewifsheit zu erheben. Krateuas, die direkte Vorlage des Niger und zum Teil auch des Dioskurides, erwähnte nach schol. Nic. Th. 858 sicher folgende Synonyma der von ihm βρυωνία genannten Zaunrübe: σταφυλῖνος, ἄμπελος ἀγρία und χειρώνειον: es wäre natürlich voreilig, daraus den Schlufs zu ziehen, Krateuas habe keine weiteren Synonyma gekannt. Dafs seine Synonymenzusammenstellung nicht von ihm herrührt, sondern älter ist, folgt mit absoluter Sicherheit aus einem Bruchstück aus der iologischen Schrift περὶ θηρίων des Herakleides von Tarent, die wieder von Apollodor[1]) abhängig ist. Gal. XIV 186: Ἡρακλείδου Ταραντίνου ἐννεαφάρμακος· ταύτην ἔθηκεν ἐν τῇ περὶ θηρίων αὐτοῦ πραγματείᾳ. ἔχει δὲ οὕτως· Σμύρνης τρωγλοδύτιδος, ὀποπάνακος, ὁποῦ μήκωνος ἀνὰ ⟨β΄. βρυωνίας ῥίζης ⟨δ΄. ταύτην οἱ μὲν ψίλωθρον (D. Pl.), οἱ δὲ ἄμπελον ἀγρίαν (Krateuas), οἱ δὲ μάδον (Plin. Cod. N fol. 30 s. βρυωνία λευκή), οἱ δὲ χειρωνείαν (Krateuas. D.), οἱ δὲ κερκίδα καλοῦσιν κτλ.

Apollodor ist also nach unserer Überlieferung die letzte erreichbare Quelle: die Vermutung, dafs Diokles Urquelle ist, ergiebt sich eigentlich nach dem früher Erörterten von selbst. Glücklicherweise liefert aber die Übereinstimmung der parallelen Brechung dieser alten Überlieferung, die bei Th. (IX 20, 3) und Nik. Ther. 858 f. vorliegt, mit Dioskurides unserer Vermutung den urkundlichen Beweis in die Hand. Th. nennt die Zaunrübe wie Apollodor-Herakleides ἄμπελος ἀγρία, Nikander βρυωνία: was Th. von ihrer Wurzel mitteilt, dafs sie scharf sei, erwärmende Kraft habe, die Haut zart mache und Sommersprossen beseitige, sowie von ihrer Frucht, dafs sie zum Glätten der Haut verwandt werde, deckt sich vollständig mit D., zum Teil mit Nikander:

---

1) Vgl. Gal. XIV 181: Ἄλλη ἐκ τῶν Ἀπολλοδώρου, ἣν καὶ ὁ Ταραντῖνος ἐν τῷ πρὸς Ἀστυδάμαντα ἀναγράφει, πρὸς παντὸς θηρίου πληγὴν καὶ τὰ σφοδρότατα τῶν ἀλγημάτων καὶ πνίγας ὑστερικάς. Vgl. Zopyros bei Orib. II 688: ἀμπέλου τῆς χειρωνείου, ἀρχεζώστιδος οἱ δὲ ἄμπελ⟨ον ἀγρίαν, οἱ δὲ κέδρωσ⟩ιν, οἱ δὲ μαδόνην καλοῦσιν. Ruf. bei Orib. II 106: καὶ ἄμπελος ἀγρία καὶ ἄμπελος χειρώνειος· οἱ δὲ βρυωνίαν καλοῦσιν.

Th.	D. IV 181, 674: (nach ihm hat die Wurzel beider Abarten dieselbe Wirkung).	Nic.
Θερμαντικὸν δὲ καὶ δριμὺ καὶ τῆς ἀμπέλου τῆς ἀγρίας ῥίζα· δι' ὃ καὶ εἰς ψίλωθρον χρήσιμον καὶ ἐφηλίδας ἀπάγειν· τῷ δὲ καρπῷ ψιλοῦσι τὰ δέρματα.	καρπὸν δ' ἔχει βοτρυώδη, πυρρόν, ᾧ ψιλοῦται τὰ δέρματα... Δύναμιν δ' ἔχει τὰ φύλλα καὶ ὁ καρπὸς καὶ ἡ ῥίζα δριμεῖαν.... ἡ δὲ ῥίζα χρῶτα ῥύπτει καὶ τετανοῖ καὶ ἔφηλιν ἀποκαθαίρει..... δυοῖν δὲ δραχμῶν ὁλκὴ ποθεῖσα ἐχιοδήκτοις βοηθεῖ (= Nikander, fehlt bei Th.).	ῥίζαν τε βρυωνίδος, ἣ καὶ ἔφηλιν θηλυτέρης ἐχθρήν τε χροῆς ὠμόρξατο λεύκην. (sc. ist zu empfehlen gegen Schlangengift).

Aus dem Bericht des Th. und N. folgt aber, dafs wenigstens die Namen βρυωνία, ἄμπελος ἀγρία und ψίλωθρον (= Herakl. v. Tarent) der gemeinsamen Quelle, d. h. dem Diokles, bekannt waren.

Mit derselben Sicherheit läfst sich aus den wenigen von Plinius erhaltenen Bruchstücken der diokleischen Schrift περὶ λαχάνων Benützung dieses Arztes seitens der späteren Pharmakologen erschliefsen. Ich begnüge mich damit, die hierhin gehörigen Fragmente zusammenzustellen mit Verweisung auf die parallele Überlieferung des Dioskurides:

13. Plin. XX 19: Democritus in totum ea (sc. rapa) abdicavit in cibis propter inflationes, Diocles magnis laudibus tulit, etiam venerem stimulari ab is professus, item Dionysius magisque si eruca condirentur, tosta quoque articulorum dolori cum adipe prodesse. Vgl. Geop. XII c. 21. Die Annahme des Diokles, dafs die Rübe zum Genufs der Liebe reize, kennt D. II 134, 254: γογγύλης ἡ ῥίζα ἑφθὴ τρόφιμος, πνευματωτική, σαρκὸς πλαδαρᾶς γεννητική, ἀφροδισίων παρορμητική. Dasselbe gilt nach D. vom Samen.

14. Plin. XX 34: Siser erraticum (Morrübe) sativo simile est et effectu: stomachum excitat, fastidium absterget ... urinam ciet, ut Ophion credit, et venerem. in eadem sententia est et Diocles, praeterea cordi convenire convalescentium aut post multas vomitiones perquam utile. D. II 139, 257: Σίσαρον γνώριμον, οὗ ἡ ῥίζα ἑφθὴ εὔστομος, εὐστόμαχος, οὐρητική, ὀρέξεως προκλητική.

15) Plin. XX 52: suspirosis coctum, aliqui crudum id (sc. Knoblauch) dedere, Diocles hydropicis, cum centaurio aut in fico duplici ad evacuandam alvum, quod efficacius praestat viride cum coriandro in mero potum ... antiqui et insanientibus dabant crudum, Diocles phreneticis elixum. D. II 181, 292: ἀρτηρίας λαμπρύνει καὶ βῆχας χρονίας παρηγορεῖ ὠμόν τε καὶ ἑφθὸν ἐσθιόμε-

νον . . . . τὸ δὲ ἐξ αὐτοῦ καὶ τῆς μελαίνης ἐλαίας γινόμενον τρίμμα, καλούμενον δὲ μυττωτὸν (so P.) βιβρωσκόμενον (fehlt F.H.) οὔρησιν κινεῖ καὶ ἀναστομοῖ· χρήσιμον δὲ καὶ ὑδρωπιῶσίν ἐστιν.

16. Plin. XX 106: Diocles hebetari oculos ab his putat (sc. bulbis). clixos assis minus utile esse adicit et difficile concoqui ex vi uniuscuiusque naturae. Das letztere berichtet D. II 202, 315 von der Meerzwiebel.

17. Plin. XX 139: Diocles et cardiacis inponit (sc. die Raute) ex aceto et melle cum farina hordeacia, et contra ileum decocta farina in oleo velleribus collecta. Vgl. D. III 45, 391.

18. Plin. XX 219: addidere Dionysius et Diocles plurimos gigni ex eo (sc. atriplice) morbos, nec nisi mutata saepe aqua coquendum, stomacho contrarium esse, lentigines et papulas gignere.

19. Plin. XXI 180: quin et alterum genus (sc. trychui) quod halicacabon vocant soporiferum est atque etiam opio velocius ad mortem, ab aliis morion, ab aliis moly appellatum, laudatum vero a Diocle et Euenore, Timaristo quidem etiam carmine, mira oblivione innocentiae, quippe praesentaneum remedium ad dentium mobilis firmandos, si colluerentur halicacabo in vino.

20. Plin. XXII 71: Diocles ad podagras utroque modo cocta crudaque (sc. radice) usus est. ad perniones decoctam ex oleo dedit et suffusis felle in vino et hydropicis. D. II 199, 313: ἐψηθὲν δὲ ἔλαιον ἐν κεκοιλωμέναις ταῖς ῥίζαις ἐπὶ πυρὸς τὰς εἱλκωμένας χιμέτλας καὶ πυρίκαυστα ἐπαλειφόμενον ὠφελεῖ.

21. Plin. XXII 131: Panicum (Mais) Diocles medicus mel frugum appellavit. effectus habet quos milium. D. II 120, 241: καὶ ἡ ἔλυμος δέ, ἥντινες μελίνην καλοῦσι, τῶν σιτηρῶν ἐστι σπερμάτων, κέγχρῳ ὁμοία· ὡσαύτως σιτοποιουμένη καὶ πρὸς τὸ αὐτὸ ἁρμόζουσα ἀτροφωτέρα μέντοι τῆς κέγχρου καθέστηκε καὶ ἧττον στυπτική.

22. Plin. XXIV 185: Diocles difficile parturientibus semen eius dedit (sc. feni graeci) acetabuli mensura tritum in novem cyathis sapae ut tertias partes biberent, dein calida lavarentur, et in balineo sudantibus dimidium ex relicto iterum dedit, mox a balineo relicum, pro summo auxilio. farinam feni cum hordeo aut lini semine decoctam aqua mulsa contra vulvae cruciatus obiecit idem inposuitque imo ventri. lepras, lentigines sulpuris pari portione mixta farinae curavit, nitro ante praeparata cute, saepius die inlinens perunguique probibens.

23. Gal. XIX 89: βούπρηστις· . . . . ἔστι δὲ καί τι λάχανον ἄγριον, οὗ μέμνηται Διοκλῆς (so der Laurentianus vgl. Ilberg de Gal. voc. hipp. gloss. in den comment. phil. für Ribbeck, Leipzig 1888 S. 333) ἔν τε τῷ πρώτῳ τῶν ὑγιεινῶν καὶ ἐν τῷ περὶ λαχάνων. Vgl. schol. Nic. Al. 335.

Bisher galt das 9. Buch der Pflanzengeschichte des Theophrast für die älteste populäre Heilmittellehre und für die Urquelle der späteren Pharmakologie der Griechen: wie wenig Berechtigung dieser Annahme zukommt, hat die vorstehende Untersuchung gezeigt. Das älteste Kräuterbuch der Griechen und die letzte Quelle aller botanisch-pharmakologischen Gelehrsamkeit ist der bedeutendste Arzt des 4. Jhs. Diokles, berühmt im Altertum wegen seiner anatomischen und diätetischen Studien. Und damit fällt, wie mich dünkt, ein schwacher Lichtstrahl in das von hochverdienten Forschern zum Teil schon gelichtete Dunkel, mit dem unsere dürftige Überlieferung die botanischen Studien dieser Zeit umgeben hat. Es läfst sich zwar nicht beweisen, aber ich wage es als Vermutung auszusprechen, dafs Beziehungen bestanden zwischen der Akademie und dem karystischen Arzte, mag nun die Akademie die spendende, anregende Lehrerin oder die empfangende Schülerin des grofsen Arztes gewesen sein.

Aenesidem und Cicero

Von

A. Schmekel

Seinen erkenntnistheoretischen Standpunkt hat Cicero, wie bekannt, in den Academica priora niedergelegt. Er huldigt der Skepsis
und sucht ihr Recht sowohl direkt wie durch eine Kritik der ent-
gegengesetzten Lehre des Antiochus zu erweisen. Welchen Standpunkt vertritt er nun selbst innerhalb der Skepsis, welcher Quelle
folgt er?
Der Pyrrhonismus war zu Ciceros Zeit von Aenesidem erneuert
worden, doch bemerkt Cicero zu wiederholten Malen[1]), diese Richtung
sei längst erloschen. Auf Grund dieser Nachrichten war bis jetzt
die Meinung allherrschend, dafs Cicero von Aenesidem entweder
nichts gewufst oder ihn absichtlich nicht benutzt habe.[2]) Aenesidem
richtete nun eines seiner Werke an den Akademiker L. Tubero.[3])
Mit der Einsicht, dafs dieser Tubero kein anderer als der Freund
und Studiengenosse Ciceros sei[4]), haben sich in jüngster Zeit die
Ansichten über Ciceros Verhältnis zu Aenesidem geändert. Nachdem bereits Hirzel und Brochard[5]) gelegentliche Hinweise und An-
lehnungen vermutet hatten, hat das gerade Gegenteil der bisherigen
Ansicht Simon Sepp in längerer Ausführung[6]) vertreten. Ihr Er-

---

1) Fin. II 11, 35; 13, 43; V 8, 23; de orat. III 17, 62; nat deor.
I 5, 11, u. a.
2) Vgl. Diels dox. p. 212; Natorp, Forschungen zur Geschichte des
Erkenntnisproblems S. 70 ff.
3) Photius cod. 212 p. 169, 31 ff.
4) Denn Zellers Annahme (Philos. d. Gr. III[b] S. 10 ff.), dieser Tubero
könne auf Grund jener Nachricht Ciceros nur ein jüngerer Vertreter
dieser Familie sein, Aenesidem hätte demnach auch erst später als
Cicero gelebt und geschrieben, dürfte heute kaum mehr einen Vertreter
finden.
5) Hirzel, Untersuchungen zu Ciceros philosophischen Schriften III
S. 230, 294, 301. Brochard, Les sceptiques grecs S. 245.
6) Pyrrhonëische Studien, S. 133 ff. Freising 1893. Erlang. diss.
Herr Dr. Sepp hatte die Güte, diese sehr gelehrte Arbeit dem Verfasser
zu übersenden, wofür er ihm hiermit seinen Dank abstattet.

gebnis fafst er am Schlusse seiner Arbeit in den Worten zusammen: „Nicht blofs in den Academica also, obwohl dort am deutlichsten, sondern auch hier und da noch in manchen anderen Schriften lassen sich sichere Spuren der Benutzung Aenesidems durch Cicero nachweisen; doch schliefst sich dieser in der ersteren Schrift genau an Aenesidem an." Genau also schliefse sich Cicero in der ganzen zweiten Hälfte der Academica priora, d. h. in der Entgegnung auf die Lehre des Antiochus an; weniger genau folge er ihm in der Kritik der Epikureischen und stoischen Theologie im ersten und dritten Buche de natura deorum; verstreut auch in anderen Büchern.

Bei dieser Sachlage ist die Frage von neuem zu prüfen, ob und wie weit Cicero den Aenesidem benutzt hat.

Sepp geht bei seinem Beweise dafür, dafs Aenesidem die Quelle Ciceros in den Academica sei, von der Ansicht aus, Cicero erwähne den Aenesidem zunächst aus anderen Quellen als Akademiker. Dies beweisen ihm drei Stellen in verschiedenen Büchern Ciceros. Da er diese in den Academica wiederfindet, so schliefst er, dafs die ganze Entgegnung auf die Lehre des Antiochus aus Aenesidem genommen sei. Zum Zweck dieses Nachweises geht er fast paragraphenweise die Darstellung Ciceros durch, um überall auf die Übereinstimmung mit Aenesidems Lehre hinzuweisen. Hieran unmittelbar anschliefsend sucht er in ungleich kürzerer Ausführung das Gleiche auf die gleiche Weise für die skeptische Kritik Ciceros in den Büchern de nat. deorum durchzuführen. In diesem Nachweise der Übereinstimmung der Lehre findet Sepp noch drei Stellen, an denen Cicero ausdrücklich von der fortdauernden „jetzigen" Richtung der Skepsis redet, wobei demnach nur an Aenesidem gedacht werden könne.[1]) Wir untersuchen zunächst die ersten drei Gründe, dann diese letzten drei Stellen und hierauf die Übereinstimmung Ciceros mit Aenesidem.

Die Stelle, von der Sepp ausgeht, lautet de fin. III, 31: ut quidam Academici constituisse dicuntur extremum bonorum et summum munus esse sapientis obsistere visis adsensusque suos firme continere. Hier werde nämlich die Unerschütterlichkeit (ἀταραξία) als das höchste Gut an die Urteilsenthaltung (ἐποχή) geknüpft, was weder von Arcesilaus noch von Carneades, sondern nur von Aenesidem gelten könne. Dazu käme noch, dafs die in Rede stehenden Academici diese Lehre in engstem Anschlufs an Pyrrho verträten, wie es Aenesidem that.

---

1) Sepp schliefst seine Darlegung mit den Worten S. 189: „Die angeführten Stellen liefern den Beweis, dafs die Äufserungen Ciceros im zweiten Teile der Academica priora sich recht wohl auf die Pyrrhoneer deuten lassen; wir stehen deshalb, nachdem sich bisher alle Versuche, die Quelle der Academica ausfindig zu machen, als vergeblich erwiesen haben, nicht an, den Aenesidem als Autor Ciceros zu erklären." Wir erfahren weder diese Versuche selbst noch ihre Widerlegung.

Der Zusammenhang, aus dem diese Stelle genommen ist, ist die Darstellung der stoischen Ethik. Ihr Vertreter fährt unmittelbar nach den angeführten Worten fort: his singulis copiose responderi solet. Daraus folgt, daß diese Academici, eben weil ihnen reichlich widersprochen zu werden pflegte, schwerlich, um nicht zu sagen, gewiß nicht Zeitgenossen Ciceros waren. An Aenesidem zu denken ist danach nicht geraten. Das bemerkt zwar Sepp, ohne jedoch darauf irgendwie einzugehen. Doch geben wir selbst zu, daß an dieser Stelle thatsächlich Aenesidem gemeint sei, so folgt der Schluß, den Sepp für die Academica zieht, noch nicht im geringsten. Sepp meint nämlich, Cicero mache hier die obige Ansicht zu der seinigen, wenn er II 108 schreibe: ego enim etsi maximam actionem puto repugnare visis, obsistere opinionibus adsensus lubricos sustinere, wie die Übereinstimmung beider Stellen beweise. Diese Übereinstimmung findet in den Worten statt einerseits „obsistere visis adsensusque suos firme continere" und andererseits „repugnare visis, obsistere opinionibus adsensus lubricos sustinere". Diese Worte enthalten nichts als eine umschreibende Wiedergabe des Begriffs ἐποχή. In den Academica heißt es nun: maximam actionem repugnare visis e. q. s., in de finibus l. l.: extremum bonorum et summum munus esse sapientis obsistere visis e. q. s. In de finibus also wird die ἐποχή für das höchste Gut erklärt, in den Academica a. a. O. aber nicht: Es fehlt also gerade der charakteristische Unterschied zur Vergleichung beider Stellen, gerade der Punkt, auf Grund dessen Sepp in der angeführten Stelle in de finibus die Lehre des Aenesidem findet. Es kann daher gar nicht von jener Stelle auf diese geschlossen werden. Dies beweisen auch die unmittelbar folgenden Worte der Academica: etsi maximam actionem puto repugnare visis, obsistere opinionibus adsensus lubricos sustinere credoque Clitomacho ita scribenti Heracli quendam laborem exanclatum a Carneade, quod ut feram et immanem beluam, sic ex animis nostris adsensionem, id est opinationem et temeritatem extraxisset, tamen . . quid impediat actionem eius, qui probabilia sequitur? Diese Stelle sagt: 'Unsere größte That ist die ἐποχή, die aber auch unser sonstiges Thun nicht im geringsten einschränkt' Das ist die Lehre aller Skeptiker gewesen, wie sich ja auch Cicero für diese Ansicht hier direkt auf Carneades beruft. Nach Ciceros eigener Angabe entlehnt er diese Stelle dem Clitomachus: Es ist also unmöglich, sie auf Aenesidem zurückzuführen.

Der zweite Beweis Sepps betrifft die Quellenfrage der Academica nur indirekt. Sextus nennt den Aenesidem in Verbindung mit dem Physiker Strato als Vertreter und Begründer der Auffassung, daß nicht die Sinne wahrnehmen, sondern die Seele durch die Sinne. Durch die Kanäle nämlich, welche vom Zentralsitz der Seele zu den Sinnesorganen gingen, bewege sich gleichsam die Seele und luge durch die Sinnesorgane wie durch Fenster. Diese

Auffassung finden wir fraglos auch bei Cicero. An der einen Stelle beruft sich Cicero auf die 'physici et medici, qui ista aperta et patefacta viderunt'.[1]) Auf Grund derselben Stelle und einer ähnlichen des Tertullian (de anima c. 14) schließt Sepp, unter den von Cicero erwähnten Physikern sei Strato, unter den Ärzten Aenesidem zu verstehen, da Aenesidem Arzt gewesen. Daß dieser Schluß logisch nicht gestattet ist, liegt auf der Hand. Er wäre es nur dann, wenn Sepp erwiesen hätte, daß außer Strato und Aenesidem niemand diese Lehre vertreten hätte: was er nicht getban hat, und was sich auch nicht erweisen läßt. Vielmehr ist das Gegenteil gewiß. Denn diese Auffassung gehört nicht erst den späteren Ärzten wie Aenesidem, sondern den großen Entdeckern der Nerven, namentlich dem Herophilus[2]), von dessen Schüler Philinus von Kos die empirische Ärzteschule ausging, zu der sich später Aenesidem bekannte. Diese großen alexandrinischen Ärzte haben nachweislich[3]) von Strato philosophische Anregung erhalten, wodurch sich die naheliegende Verbindung dieser anatomischen Theorie mit der Psychologie Platos und Democrits erklärt. Bei der Bedeutung dieser Psychologie und dem Gegensatze der verschiedenen Schulen zu einander wurde sie Gegenstand des allgemeinen Streites, wie wir aus Lucrez ersehen, der diese Auffassung befehdet.[4]) Sepps Schluß aus der angeführten Stelle Ciceros ist also unbegründet.[5])

---

1) Tusc. I 46: nos enim ne nunc quidem oculis cernimus ea quae videmus, neque est enim ullus sensus in corpore, sed ut non physici solum docent, verum etiam medici, qui ista aperta et patefacta viderunt, viae quasi quaedam sunt ad oculos, ad aures, ad nares a sede animae perforatae .. ut facile intellegi possit animum et videre et audire, non eas partes, quae quasi sunt fenestrae animi. Vgl. ferner nat. deor. III 9, wo jedoch von einem Gegensatz gegen die Akademie, wie Sepp meint, keine Rede ist.

2) Galen III 813: τῶν γὰρ ἐπὶ τοὺς ὀφθαλμοὺς ἀπ᾿ ἐγκεφάλου κατιόντων νεύρων τῶν αἰσθητικῶν, ἃ δὴ καὶ πόρους ὠνόμαζεν Ἡρόφιλος κτλ. XIX, 30: τῶν ἐπὶ τοὺς ὀφθαλμοὺς νεύρων, ἃ καλοῦσιν Ἡρόφιλός τε καὶ Εὔδημος πόρους. Chalcid. in Tim. Plat. p. 340 Meurs. C. 246, p. 279 f. Wrobel. Auch Erasistratos schloß sich anfangs dieser Auffassung an; spätere Untersuchungen aber ließen ihn richtig erkennen, daß sie mit Mark gefüllt seien, Galen V 602.

3) Vgl. Diels, Berichte der Berl. Akad. d. Wiss. 1893 S. 101 ff.: Über das physikalische System des Straton.

4) III 359 ff. Sepp ist in der Geschichte der Medizin sehr bewandert; es ist auffallend, daß er sie in diesem Punkte außer Acht gelassen hat.

5) Nach der gewöhnlichen Interpretation würde die Stelle des Sextus, der den Aenesidem vor sich hat und benutzt, nichts weiter lehren, als daß Aenesidem diese Ansicht vertreten, die zuerst Straton gelehrt hatte. Übrigens hat Aenesidem diese Ansicht bei Heraclit bereits gefunden, die Sextus jenem direkt beilegt. Darauf weist auch Tertullian a. a. O. hin, der in diesem Falle genauer als Sextus ist. Bei Cicero steht natürlich nichts derartiges.

Den gewichtigsten Beweis findet Sepp drittens in den Worten Ciceros Acad. II 122: qui sint situs partium, quam vim quaeque pars habeat ignoramus; itaque medici ipsi, quorum intererat ea nosse, aperuerunt, ut viderentur. nec eo tamen aiunt *empirici* notiora esse illa, quia possit fieri, ut patefacta et detecta *mutentur*. Was nämlich hier Cicero über die Empiriker sage, könne er, da der Heraklitismus vor Heraklides nicht in die Empirie hineingetragen wurde, unmöglich aus einem anderen Autor, etwa Clitomachos oder Philo, sondern nur aus Aenesidem geschöpft haben. Abgesehen davon, daſs das Erstere chronologisch doch nicht ganz unmöglich ist, steht das, was Sepp in den Worten Ciceros findet, nicht im entferntesten in ihnen. Denn darin, daſs die empirischen Ärzte ihren medizinischen Gegnern den Einwand machten, es sei möglich, daſs bei der Öffnung der Leichen bezw. bei der Vivisektion eine Veränderung der inneren Teile vor sich gehe, die Verbindung der Heraklitischen Lehre vom ewigen Fluſs aller Dinge mit der Empirie zu finden, ist mir schlechterdings unmöglich. In diesem Falle wäre man berechtigt, überall, wo von irgend welcher Möglichkeit der Veränderung die Rede ist, Heraklitismus zu finden, was gewiſs unrichtig ist.[1]

Wir kommen zu den drei Stellen, in denen Cicero nach Sepp den Fortbestand der Skepsis direkt bezeugt und damit seine Bekanntschaft mit Aenesidem verrät. Als erste dieser Stellen betrachten wir § 113: quis unquam dixit .. id solum percipi posse, quod esset verum, quale falsum esse non posset, vel sapientem nihil opinari? certe nemo. horum neutrum ante Zenonem magnopere defensum est; ego tamen utrumque verum puto, nec dico *temporis causa*, sed ita plane probo. Sepp giebt den letzten Satz mit den Worten wieder: „er sage dies nicht blofs der jetzigen Richtung wegen, sondern weil er beide Sätze sachlich billige." Diese Auffassung beruht auf völligem Miſsverständnis der Worte Ciceros; denn in dessen Worten steht nicht die geringste Andeutung von „einer jetzigen Richtung", vielmehr heiſst es: er sage dies nicht blofs des jetzigen Augenblicks d. h. der gegenwärtigen Rolle wegen — da er es unternommen hatte, die Skepsis zu vertreten —, sondern weil er beide Sätze sachlich billige.

Ferner beruft sich Sepp für seine Ansicht auf § 110: Es komme hier gerade ein Vertreter der extrem skeptischen Anschauung,

---

1) Hieran ändert auch nichts die Berufung Seppe S. 106 f auf Celsus 7, 20, Soran b. Tert. de an. c. 10. Denn einmal liegt die Sache bei Celsus doch ganz anders, da Celsus von einem „saepe mutentur" spricht, während Cicero sagt: *fieri possit*, ut .. mutentur. Andererseits war jener Einwand bei Cicero so einfach und nabeliegend, daſs man nicht die Philosophie Heraklits dazu nötig hatte, so wenig wie gleiche Einwände in Bezug auf das Gehirn in der neueren Zeit in Heraklits Philosophie ihren Grund gehabt haben. Solche Erwägungen haben wohl überhaupt erst die Empiriker veranlaſst, an Heraklits Lehre anzuknüpfen.

dafs alles so unsicher sei wie die Zahl der Sterne, zum Worte, und doch würden die so Denkenden in der Rede des Lucullus (§ 32) als Verzweifelte bei Seite gelassen. Das Beispiel über die Zahl der Sterne sei nun aber dem dem Aenesidem folgenden Sextus ganz geläufig: So ergiebt sich ihm der Schlufs, dafs hier nicht die mittlere Akademie, sondern die strengere Richtung Aenesidems zu Grunde liegt. Aber die Unzählbarkeit der Sterne wie auch die des libyschen Sandes waren Beispiele, die nicht blofs Sextus und Aenesidem anwandten. In der Einteilung der ἄδηλα bei den dogmatischen Philosophen, welche uns Sextus berichtet, kehren diese Beispiele wieder für etwas, was die Menschen ein für allemal nicht erfahren könnten: Also wurden diese Beispiele auch von den Gegnern verwendet.[1]) Aus diesen Beispielen als solchen können wir daher keinen Schlufs ziehen. Dafs nun die Skeptiker, welche meinten, alles sei so unsicher wie die Zahl der Sterne, die strengere Pyrrhoneische Richtung bezeichnen, wollen wir ohne weiteres zugeben, und demgemäfs auch den obigen Schlufs, wenn hier thatsächlich ein Vertreter dieser Richtung, wie Sepp sagt, zu Worte kommt. Die Worte Ciceros lauten § 110: ut illa habet probabilia non percepta, sic hoc ipsum nihil posse percipi; nam si in hoc haberet cognitionis notam, eadem uteretur in ceteris: quam quoniam non habet, utitur probabilibus. itaque non metuit, ne confundere omnia videatur et incerta reddere; non enim, quemadmodum, si quaesitum ex eo sit, stellarum numerus par an impar sit, item, si de officio multisque aliis de rebus, in quibus versatus exercitatusque sit, nescire se dicat. in incertis enim nihil est probabile; in quibus autem est, in iis non dcerit sapienti nec quid faciat nec quid respondeat. In diesen Worten steht gerade das Gegenteil von dem, was Sepp behauptet; es wird ja gerade jener Standpunkt, der alles so unsicher sein läfst wie die Zahl der Sterne, direkt abgelehnt. So ist Sepps Schlufs aus dieser Stelle offenkundig haltlos.

Photius hat uns bekanntlich einen kurzen Auszug aus den Πυρρώνειοι λόγοι des Aenesidem übermittelt. Dasselbe, was dieser Bericht bringt, findet Sepp genau bei Cicero wieder. Er schreibt: 'Antiochus, heifst es zum Schlufs § 143, billige keine der vorgebrachten Ansichten, sondern folge dem Chrysipp. Hierauf Bezug nehmend, wirft Cicero in der Einleitung zum Kap. 47 die Fragen auf: „Treiben wir nicht Mifsbrauch mit dem Namen, wenn wir uns Akademiker nennen lassen? Und weshalb sollen wir denen folgen, die mit einander nicht einig sind?" Mit diesen Worten meint Cicero offenbar: „Die zur Stoa neigende Schule des Antiochus hat kein Recht auf den Namen Akademiker. Wenn aber die jetzige Richtung der Akademie die richtige ist, dann müssen wir, die wir das

---

1) Adv. log. II 145 ff. Hyp. II 97.

Wesen der Akademie in die Skepsis verlegen, uns einen anderen Namen, etwa Pyrrhoneer (Πυρρώνειοι) beilegen. Wir können zweitens auch nicht mit denen gehen, die unter sich uneins sind."' In den Anmerkungen zu dieser Stelle verweist Sepp auf die Parallelstellen bei Photius. Was steht nun bei Cicero? Es ist am Schlusse der ganzen Auseinandersetzung der beiden Freunde, des Lucullus und Catulus. Catulus, der Skeptiker, sagt zu Lucullus, dem Vertreter des Antiochus: Antiochus folgt weder dem Plato, noch dem Xenocrates, noch dem Aristoteles, sondern immer dem Chrysipp. „Warum also nennen wir uns Akademiker? Mifsbrauchen wir nicht den berühmten Namen? Oder warum sollen wir denen folgen, die sich einander widersprechen?", d. h. den Stoikern, wie die weitere Ausführung direkt zeigt. Lösen wir die Fragen auf, so erhalten wir den einfachen Satz: Antiochus folgt stets dem Chrysipp; er hat also kein Recht, sich Akademiker zu nennen, sondern mifsbraucht den berühmten Namen. Er ist einfach Stoiker. Die Stoiker aber widersprechen sich einander: Da ist es unmöglich, dafs ich ihm bezw. ihnen folge, wie du verlangst. Was Sepp ausführt, steht bei Photius, nicht bei Cicero; Sepp deutet direkt den Bericht des Photius in die Worte Ciceros hinein. Die Worte Ciceros widersprechen daher dem Schlusse, den Sepp aus ihnen zieht.

Noch eine Stelle findet Sepp, an der Cicero von dem Fortbestande der skeptischen Schule sprechen und damit seine Kenntnis der Aenesidemischen Skepsis dokumentieren soll. Sie betrifft die Academica nur indirekt, sie findet sich nämlich in der Einleitung zum ersten Buche de nat. deorum, in der sich Cicero rechtfertigt, dafs er eine längst verlassene Philosophie wieder aufgenommen habe: „Wenn der Philosoph auch sterbe, so höre doch damit seine Lehre nicht auf; sie habe sich vielmehr, nachdem sie von Sokrates, Arkesilaos und Carneades begründet worden sei, bis auf seine Zeit kräftig erhalten, während sie nur im eigentlichen Griechenland jetzt verwaist zu sein scheine." Sepp bemerkt zu diesen Worten einmal, merkwürdig sei hier die Auslassung Platos, den Aenesidem nicht als Skeptiker gelten lasse; und andererseits in der Form der Frage: 'Also kennt er Skeptiker, etwa in Alexandria (d. h. Aenesidem)?' Hiervon steht nun direkt nichts bei Cicero, er sagt vielmehr nur von der Skepsis, quam nunc *propemodum orbam esse in ipsa Graecia.* Demnach scheint er in Griechenland selbst noch einige Vertreter dieser Richtung zu kennen; anderwärts — da vertritt er sie ja selbst. Doch geben wir selbst unbedenklich zu, dafs er unter jenen wenigen noch übrigen Vertretern der Skepsis auch Aenesidem gemeint habe, was folgt für die Quellenfrage daraus? Nichts. Kurz vorher nämlich (§ 7) schreibt Cicero: *sin autem quis requirit, quae causa nos impulerit, ut haec tam sero litteris mandaremus, nihil est, quod expedire tam facile possimus.* Nach dieser direkten Angabe veröffentlicht Cicero

längst Gekanntes, nicht etwas Neues. Von hier aus erklärt sich
auch aufs einfachste, was Sepp oben merkwürdig findet: Ciceros
Lehrer Philo hielt ebenso wie Aenesidem Plato nicht für einen
Skeptiker und erkannte in Sokrates den Begründer der Skepsis,
von der Plato nur abgefallen sei.[1]) An der obigen Stelle ist also
nichts Merkwürdiges, nichts spezifisch Aenesidemisches.

Eine dritte Beweisgruppe bildet für Sepp die Übereinstimmung
der skeptischen Lehren und Beispiele Ciceros mit denen Aenesidems,
bezw. des Sextus, die er im Anschlufs an Cicero Schritt für Schritt
darzulegen sucht. Wir wollen ihm auf diesem Gebiete nicht mehr
ins Einzelne folgen und auch nicht daran erinnern, dafs Sextus
nicht einfach gleich Aenesidem ist. Von den Lehren ist keine
spezifisch Aenesidemisch, und die Beispiele, auf die es hier an-
kommt, sind durchweg Allgemeingut der Skeptiker und zum Teil
noch älter als Pyrrho. Sie reichen teilweise bis zur Atomistik
Leukipp-Democrits hinauf, in der sie zur Bestätigung der Sub-
jektivität der Sinnesqualitäten dienen. Sie bilden ein Problem für
die Epikureische Philosophie; daher treffen wir sie auch bei Lucrez.[2])
Daraus, dafs wir sie auch bei Cicero hier finden, kann demnach
unmöglich folgen, dafs Cicero Aenesidem benutzt hat, weil sie auch
Aenesidem bei Sextus hat. Sie sind, in der Sprache der Skeptiker zu
reden, κοινὰ σημεῖα, die keinen Schlufs zulassen.[3]) Somit sind Sepps
sämtliche Gründe für seine Behauptung schlechterdings unhaltbar.

Aber die Gründe, welche Sepp anführt, sind nicht nur unhaltbar, sondern es findet sich gerade in einem Abschnitt, den er
besonders für Aenesidem in Anspruch nimmt, eine Stelle, welche
positiv die Unmöglichkeit zeigt, Aenesidem als Vorlage Ciceros
anzunehmen. Wie bekannt, hat Aenesidem mit besonderem Interesse
die Lehre Heraclits behandelt und ihr eine eigenartige Deutung zu
teil werden lassen. Nach der allgemein anerkannten Auffassung war
der Urstoff Heraclits das Feuer, nach der Interpretation Aenesidems
die Luft. Nach Cicero ist nun der Urstoff Heraclits das Feuer[4]):
Also ist an Aenesidem als Vorlage Ciceros zu denken unmöglich.

Die Darstellung der skeptischen Lehre bei Cicero ist eine in
sich wohl disponierte Abhandlung, welche daselbst von § 72—146
reicht. Wir erhalten zunächst eine Einleitung (§ 72—78), welche
den Zweck hat darzuthun, dafs in Wahrheit alle bedeutenderen

---

1) Acad. post. I 4, 17 ff. de leg. I 21, 54 ff. Dazu des Verfassers
Mittlere Stoa S. 61 f. Anm.
2) Die Sinnestäuschung bei Sext. Hyp. I 118 in Bezug auf die per-
spektivische Verkürzung der Säulenhalle = Lucrez IV 426 ff.; das Schiff
und die Küste Lucrez IV 388; die verschiedene Gestalt des Turmes
Lucrez IV 354 ff.; die scheinbare Brechung des Ruders im Wasser Lucrez
IV 440. Wie IV 469 ff. beweist, widerlegt Lucrez mit dieser Erklärung
skeptische Angriffe, die gewifs nicht von Aenesidem ausgegangen waren.
8) Vgl. auch im Nachfolgenden S. 43 ff.
4) Sext. adv. phys. II 233; Cic. § 118.

Philosophen der Skepsis gehuldigt hätten. Darauf bringt der erste Abschnitt der Abhandlung (§ 79—111) den allgemeinen oder grundlegenden Teil der Skepsis, der zweite (§ 115—146) den besonderen Teil, der die einzelnen Disciplinen bestreitet. Auch innerhalb dieser Abschnitte ist die Disposition streng, so daſs sie auch durch die dialogische Darstellung nicht verdunkelt werden kann. Im Anschluſs an die Darlegung dieser Disposition haben wir Cicero nach seiner Quelle zu befragen.

Von dem geschichtlichen Überblick in der Einleitung füllt fast die ganze zweite Hälfte die Lehre des Arcesilaus und Carneades. Gegen eine Bemerkung der Akademiker Philo und Metrodorus, welche die Reinheit der Skepsis des Carneades in Frage gestellt hatten, beruft sich Cicero auf Clitomachus, der die Bemerkung als Miſsverständnis zurückweist. Augenscheinlich benutzt hier (§ 78) also Cicero den Clitomachus.[1])

Der allgemeine Teil der Abhandlung beweist zunächst, daſs die Sinne kein Wissen ermöglichen (§ 79—90). Er zerfällt in zwei Abschnitte: Der erste bringt in zwangloser Folge die eben erwähnten Sinnestäuschungen (§ 79—82); der zweite trägt eine feste Disposition vor, um von ihr aus die Bestreitung der Glaubwürdigkeit der Sinne weiterzuführen (§ 83—87), beides nach Carneades, wie wir sehen werden. Cicero schreibt nun § 87: sed ut .. res iam universas profundam, de quibus volumina impleta sunt non a nostris solum (d. h. den Skeptikern), sed etiam a Chrysippo: de quo queri solent Stoici, dum studiose omnia conquisierit contra sensus et perspicuitatem contraque omnem consuetudinem contraque rationem, ipsum sibi respondentem inferiorem fuisse itaque ab eo armatum esse Carneadem. Von diesem Material führt Cicero unmittelbar darauf (§ 87—90) Beispiele an, um sie skeptisch zu verwenden: Also sind diese aus Carneades-Clitomachus genommen.

Der zweite Abschnitt (§ 91—111) behandelt die Ungewiſsheit der Vernunfterkenntnis in drei Unterabteilungen: Die erste (§ 91—98) zeigt dies an der Dialektik. Hier enthalten die §§ 93—94 die Polemik des Carneades gegen Chrysipp betreffs des Sorites. Die §§ 95—97 behandeln alsdann die Nutzlosigkeit und Ungewiſsheit der Dialektik in Anknüpfung an den zwischen den Epikureern und Stoikern viel verhandelten Streit über die Frage, ob jedes Urteil entweder wahr oder falsch sei. In diesen Streit griff Carneades thatkräftig ein.[2]) Cicero führt uns nun unmittelbar in diesem Zusammenhange (§ 98) den Schluſs an, mit welchem Carneades diese logische Streitfrage gegenüber den Stoikern persiflierte. Wir haben also augenscheinlich wieder Carneades-Clito-

---

1) Diese Thatsache spricht noch einmal gegen Sepp; denn Aenesidem suchte ja gerade auch Carneades als einen Dogmatiker darzustellen, vgl. Sext. Hyp. I 226 ff. und dazu auch Natorp Forsch. S. 83, 1.

2) Vgl. des Verfassers Mittlere Stoa S. 168 f.

machus als Ciceros Quelle. Die zweite Unterabteilung (§ 98—107)
ist nach Ciceros direkter Angabe die Lehre des Carneades nach
der Darstellung des Clitomachus. Cicero giebt uns sogar die beiden
Stellen an, aus denen er sie entlehnt. Die dritte Unterabteilung
(§ 107—111) enthält die Fortsetzung des vorhergehenden Ab-
schnittes, wobei Cicero zugleich auf Einwände des ersten Teiles,
der Theorie des Antiochus, Rücksicht nimmt und umgekehrt auch
gegen ihn polemisiert. Durch dieses Verfahren wird zwar § 107
der Gang der Darstellung etwas unterbrochen, doch alsbald auch
wieder fortgesetzt, indem die συγκατάϑεσις der Stoiker befehdet
wird, die bekanntlich in der Lehre der Stoiker stets nach der Be-
handlung der μνήμη erfolgt. In Wirklichkeit ist also diese Unterabteilung gar keine eigene, sie wird es nur dadurch, daſs Cicero
hier etwas freier verfährt. Die vielbehandelte Lehre von der
συγκατάϑεσις, meint er nun, lieſse sich sehr schnell entscheiden
auf Grund der wieder aus Clitomachus entlehnten Lehre des Carneades (§ 108). Die unmittelbare Fortsetzung und Entwickelung
dieses Gedankens ergiebt uns die auch sonst als Lehre des Carneades bekannte Theorie, daſs die Leugnung der Erkenntnis der
absoluten Wahrheit weder die Unmöglichkeit jedes Handelns noch
die Unmöglichkeit jedes Wissens zur Folge hat[1]) (§ 109—110).
Hierfür finden wir zunächst (§ 109) einen Beleg darin, daſs wir bei
einer Reise zu Schiff nicht der Gewiſsheit, sondern der Wahrscheinlichkeit folgen. Genauer ausgeführt finden wir ebendieses Beispiel bereits § 100: Wer ein Schiff besteigt, weiſs sicher nicht mit
Gewiſsheit, daſs er günstige Fahrt haben wird. Aber wenn er auf einer
kurzen Reise bereits eine Strecke glücklich zurückgelegt hat, das
Schiff gut, der Steuermann tüchtig, die See ruhig, der Himmel
heiter ist, so erscheint es ihm als wahrscheinlich, daſs er die Fahrt nach
Wunsch beenden wird. Eben dieses Beispiel verwenden zu gleichem
Zweck gegen die Stoiker auch die Epikureer bei Philodem.[2]) Da nun
diese Epikureer, wie anderweitig gezeigt, unter dem Einflusse des
Carneades stehen, so kann uns diese Stelle gleichfalls zur Bestätigung dafür dienen, was wir bereits erschlossen, daſs wir § 109
die Lehre des Carneades vor uns haben. Weiter weisen die
§§ 109—110 zwei Einwände gegen Carneades zurück, von denen
der eine von Antipater, der andere von Antiochus stammt; aber
sehr charakteristisch mit der Wiederholung der Lehre des Carneades. So sehen wir, daſs der ganze grundlegende Teil (§§ 79—111)
die Lehre des Carneades nach der Darstellung des Clitomachus
enthält.

Dieses Ergebnis wird durch zwei weitere Thatsachen vollauf

---

1) Vgl. oben S. 36 f.
2) Philodem π. σημείων καὶ σημειώσεων col. 7, 32 ff. Vgl. des Verfassers Mittl. Stoa S. 298, 1; 337 ff.; 346 ff.

bestätigt. Die Disposition, welche Cicero befolgt, ist nicht etwa von ihm aufgestellt, sondern aus Carneades-Clitomachus übernommen. Dies erkennen wir aus Cicero selbst, wenn wir die hier vorliegende Disposition mit der vergleichen, welche Antiochus bekrittelt:

§ 40: nunc ea videamus, quae contra ab his (sc. Academicis) disputari solent.. § 41: ea sunt haec: quae visa falsa sint, ea percipi non posse (1); inter quae visa nihil intersit, ex iis non posse alia talia esse, ut percipi possint, alia, ut non possint (2); .. quae videantur, eorum alia vera esse, alia falsa (3); omne visum, quod sit a vero, tale esse, quale etiam a falso possit esse (4).

§ 42: haec duo proposita (3, 4) non praetervolant, sed ita dilatant, ut non mediocrem curam adhibeant et diligentiam. dividunt enim in partis, et eas quidem magnas: primum in sensus

deinde in ea, quae ducuntur a sensibus et ab omni consuetudine, quae obscurare volunt.

tum perveniunt ad eam partem, ut ne ratione quidem et coniectura ulla res percipi possit.

§ 83: quattuor sint capita, quae concludant nihil esse, quod nosci, percipi, comprehendi possit, de quo haec tota quaestio est; e quibus primum est esse aliquod visum falsum (= 3), secundum non posse id percipi (= 1), tertium, inter quae visa nihil intersit, fieri non posse, ut eorum alia percipi possint, alia non possint (= 2), quartum nullum esse visum verum a sensu profectum, cui non adpositum sit visum aliud, quod ab eo nihil intersit (= 4) quodque percipi non possit (cf. 1): horum quattuor capitum . . . omnis pugna de quarto est.

§ (79) 84—87: quid ergo est, quod percipi possit, si ne sensus quidem vera nuntiant?
§ 87—90: sed ut ad ea veniam .. res iam universas profundam, de quibus volumina impleta sunt non a nostris solum, sed etiam a Chrysippo: de quo queri solent Stoici, dum studiose omnia conquisierit contra sensus et perspicuitatem contraque omnem consuetudinem, ipsum sibi respondentem inferiorem fuisse, itaque ab eo armatum esse Carneadem c. q. s. (vgl. oben S. 40).
§ 91—111: quid est, quod ratione percipi possit?

Die Übereinstimmung ist so klar, daß sie eines Wortes der Erläuterung nicht bedarf; gegen die etwaige Vermutung aber, daß die vorliegende Disposition gar nicht von Clitomachus, sondern von Antiochus herrühre, steht sofort die wiederholte Versicherung des Antiochus bei Cicero, daſs er die Disposition der Gegner gebe; ja Antiochus macht ihnen hieraus sogar einen Vorwurf, daſs sie so genau und sorgfältig disponierten[1]): was er unmöglich thun konnte, wenn er nicht ihre Disposition entwickelt hätte.

Wir haben ferner eine kurze Bestreitung des stoischen Wahrheitskriteriums durch Carneades bei Sextus; vergleichen wir sie mit der Darstellung Ciceros!

Sext. adv. log. I

§ 402: τούτων τὰ μὲν ἄλλα λέγουσιν οἱ περὶ τὸν Καρνεάδην συγχωρήσειν τοῖς ἀπὸ τῆς στοᾶς, τὸ δὲ οἷα οὐκ ἂν γένοιτο ἀπὸ μὴ ὑπάρχοντος ἀσυγχώρητον εἶναι. γίνονται γὰρ καὶ ἀπὸ μὴ ὑπάρχοντος φαντασίαι ὡς ἀπὸ ὑπαρχόντων. 403: καὶ τεκμήριον τῆς ἀπαραλαξίας .. εὑρίσκεσθαι .. ὥσπερ γὰρ ἐν τοῖς ὕπαρ ὁ μὲν διψῶν ἀρνόμενος ποτὸν ἥδεται, ὁ δὲ θηρίον ἢ ἄλλο τι τῶν δειμαλέων φεύγων βοᾷ καὶ κέκραγεν· οὕτω καὶ κατὰ τοὺς ὕπνους .. § 404: καὶ ὃν τρόπον ἐν καταστάσει τοῖς τρανότατα φαινομένοις πιστεύομεν καὶ συγκατατιθέμεθα, οὕτω καὶ ἐν μανίᾳ .. § 405: ὁ γοῦν Ἡρακλῆς μανεὶς .. § 406: ὃν τρόπον ἀπὸ τῶν τόξων ἐλάμβανε φαντασίαν ὁ ἥρως, οὕτω καὶ ἀπὸ τῶν ἰδίων παίδων ὅτι Εὐρυσθέως εἰσὶ παῖδες.

§ 409: ἐπὶ γὰρ τῶν ὁμοίων μὲν κατὰ μορφήν, διαφερόντων δὲ κατὰ τὸ ὑποκείμενον, ἀμήχανόν ἐστι διορίζειν τὴν καταληπτικὴν φαντασίαν ἀπὸ τῆς ψευδοῦς καὶ ἀκαταλήπτου, οἷον δυοῖν ᾠῶν ἄκρως ἀλλήλων ὁμοίων .. § 410: ὁ δὲ αὐτὸς λόγος ἐστὶ καὶ ἐπὶ διδύμων ..

Cic. Acad. pr. II.

§ 77: nullum tale esse visum a vero, ut non eiusdem modi etiam a falso posset esse.. [2])

§ 88: queri solent Stoici.. ab eo ⟨sc. Chrysippo⟩ armatum esse Carneadem. ea sunt eiusmodi, quae a te diligentissime tractata sunt: dormientium et vinulentorum et furiosorum visa imbecilliora esse dicebas quam vigilantium, siccorum, sanorum..

§ 89: apud Euripidem Hercules, cum, ut Eurysthei filios, ita suos configebat sagittis.. non perinde movebatur falsis, ut veris moveretur?

§ 84: qui igitur P. Servilium Geminum videbat, si Quintum se videre putabat, incidebat in eiusmodi visum, quod percipi non posset, quia nulla nota verum distinguebatur a falso.. negas tantam similitudinem in rerum natura esse.. (§ 85) ne signorum quidem?. an tibi erit quae-

---

§ 413: τὸ μὲν οὕτως ποικίλλεσθαι γινώσκειν ἡμᾶς, τὸ δὲ τί ἐστι κατ᾽ ἀλήθειαν, ἀγνοεῖν..
§ 414: εὐθύ τε καὶ κεκλασμένον ὡς ἐπὶ τῆς ἐξάλου τε καὶ ἐνάλου κώπης, καὶ ἐπὶ κινήσεως κινούμενον καὶ ἠρεμοῦν ὡς ἐπὶ τῶν ἐν νηΐ καθεζομένων ἢ ἐπὶ τοὺς αἰγιαλοῖς ἑστώτων.
§ 416: ἐπὶ γὰρ τοῦ σωρείτου τῆς ἐσχάτης καταληπτικῆς φαντασίας τῇ πρώτῃ ἀκαταλήπτῳ παρακειμένης καὶ δυσδιορίστου σχεδὸν ὑπαρχούσης φασὶν οἱ περὶ τὸν Χρύσιππον, ὅτι ἐφ᾽ ὧν μὲν φαντασιῶν ὀλίγη τις οὕτως ἐστὶ διαφορά, στήσεται ὁ σοφὸς καὶ ἡσυχάσει, ἐφ᾽ ὧν δὲ πλείω προσπίπτει, ἐπὶ τούτων συγκαταθήσεται τῇ ἑτέρᾳ ὡς ἀληθεῖ ..
§ 418: ὑποκείσθω γὰρ καταληπτικὴ μὲν φαντασία ἡ 'τὰ πεντήκοντα ὀλίγα ἐστίν', ἥτις καὶ κατὰ πολὺ φαίνεται κεχωρισμένη τῆς 'τὰ μυρία ὀλίγα ἐστίν' ἑτέρας .. (§ 419) εἰ τῇ 'τὰ μυρία ὀλίγα ἐστίν' οὐ συγκαταθήσεται ὁ σοφός .. φανερὸν δήπουθεν, ὅτι συγκαταθήσεται τῇ 'τὰ πεντήκοντα καὶ ἓν ὀλίγα ἐστίν' .. εἰ ταύτῃ συγκαταθήσεται .. συγκαταθήσεται καὶ τῇ 'τὰ μυρία ὀλίγα ἐστίν'.

rendus anularius aliqui, quoniam gallinarium invenisti Deliacum illum, qui ova cognosceret?
§ 79: tu autem te negas infracto remo neque columbae collo commoveri, primum cur? ...
§ 81: videsne navem illam? stare nobis videtur, at iis, qui in nave sunt, moveri haec villa.

§ 92: quae (sc. ars dialectica) .. venit ad soritas, lubricum sane et periculosum locum .. nec .. in re minutatim interrogati dives pauper, clarus obscurus sit, multa pauca magna parva, longa brevia, lata angusta, quanto aut addito aut dempto certum respondeamus habemus .. § 93: placet enim Chrysippo, cum gradatim interrogatur, verbi causa 'tria pauca sint anne multa', aliquanto prius quam ad multa perveniat quiescere, id est, quod ab his dicitur, ἡσυχάζειν ... § 94: 'ego enim ⟨inquit Chrysippus⟩ priusquam ad finem veniam, equos sustinebo.' .. sin autem usque ad novem, verbi gratia, sine dubitatione respondes pauca esse, in decumo insistis, etiam a certis et inlustrioribus cohibes adsensum e. q. s.

Die Übereinstimmung zwischen beiden Berichten kann nicht zweifelhaft sein; wir hören beide Male dieselbe Lehre und dieselben Beispiele: Zu der Übereinstimmung der Disposition fügt diese Vergleichung die Übereinstimmung des Inhalts. Beide, Disposition und Inhalt, beweisen in gleicher Weise, daſs Cicero den Clitomachus vor sich hat.

Es folgt der zweite Teil (§ 115—146), der die einzelnen Disciplinen wesentlich auf Grund der Verschiedenheit der diesbezüglichen Ansichten bestreitet. Zunächst gilt es der Naturphilosophie (§ 116—128). Es werden nur die verschiedenen An-

sichten berichtet, eine Quelle wird nicht genannt; an Aenesidem
ist jedoch, wie oben (S. 39) gezeigt, gewifs nicht zu denken. In
der Bestreitung der Ethik (§ 128—141) dagegen treffen wir aufser
der Aufzählung der verschiedenen Ansichten wieder in breiter
Ausführung die Polemik des Carneades nach dem Bericht des
Clitomachus (§ 131; 137; 139) und darauf ein Selbstbekenntnis
des Unterredners Catulus, dafs er die akademische Auffassung
vertrete. Die dritte Unterabteilung, die Dialektik (§ 142—146),
wird sehr kurz abgefertigt und enthält zum Teil bereits persön-
liche Bemerkungen, in denen Catulus wieder den akademischen
Standpunkt hochhält.[1]) Es folgt zuletzt ein kurzes Schlufswort
(§ 147—148); in ihm bekennt sich Catulus nochmals ausdrücklich zur Theorie des Carneades.

Hat uns oben die Darstellung gezeigt, dafs an Aenesidem
schlechterdings nicht zu denken, so zeigen uns Inhalt und Disposition der Academica, dafs an Carneades-Clitomachus als ihrer
Quelle nicht zu zweifeln ist.

---

1) c. 47, 143 vgl. S. 37 f.

Hero und Leander.

Von

Georg Knaack.

Die Sage von Hero und Leander, das Verhältnis, in welchem
die litterarischen Hauptquellen, die pseudoovidischen Briefe (XVII
und XVIII nach Ehwalds Zählung) und das Epyll des Gram-
matikers Musaeus zu einander stehen, endlich die Wanderung
und Wandlung der Sage durch die Kunstdichtung des Mittelalters
und der Neuzeit: diese Probleme sind in der letzten Zeit mehrfach Gegenstand der philologischen und litterargeschichtlichen Forschung gewesen, aber zu einem abschliefsenden Resultat ist man
bisher nicht gekommen. Nachdem K. Dilthey in seiner Ausgabe
des Musaeus (Bonn 1874) kurz darauf hingewiesen hatte (zu V. 76
und 215, vgl. auch *Götting. Lektionsverz.* 1884/85 p. 8), dafs die
unverkennbaren Übereinstimmungen zwischen den Heroiden und
dem griechischen Spätling auf ein gemeinsames Original zurückzuführen seien, und E. Rohde (*Griech. Rom.* 133 f.) diesen Gedanken
aufgenommen hatte, ist J. Klemm, wohl auf Anregung Ribbecks,
der *Gesch. der röm. Dichtung* II 257 das Problem streift, in einer
Leipziger Dissertation (*De fabula quae est de Herus et Leandri
amoribus fonte et auctore* 1889) energisch für diese Annahme ein-
getreten: er sucht als Quelle eine verlorene Elegie des Kallimachos
nachzuweisen. Die letzte Revision der Frage durch Fr. Köppner
*Die Sage von Hero und Leander in der Litteratur und Kunst des
classischen Altertums* (Progr. von Komotau 1894) behandelt breit
und wenig fördernd die einzelnen Stellen.[1] Nur berührt wird das

---

1) Nicht zugänglich — wie ich hoffe, ohne Schaden für diese Untersuchung — waren mir Fr. Meyer von Waldecks *Weihnachtsprogr. der
deutschen Hauptschule zu St. Petri in Petersburg* 1858 und P. Ristel-
hubers Strafsburger These *De Herus et Leandri historia heroica*, Paris
1868; ich kenne sie nur aus Jellineks Vorwort (vgl. Reifferscheid *West-
fälische Volkslieder* S. 127). Von den Übersetzungen des Musaeus erwähne
ich aufser der Passowschen noch die neueren von H. Oelschläger (Lpz.
1882) und R. Ottmann (Lpz., Reclam No. 2370). In der ersteren wird die
Quellenfrage überhaupt nicht berührt; Ottmann tischt in der Einleitung
wieder die alte, längst abgethane Ansicht auf, dafs der Grieche aus der

Problem in M. H. Jellineks Schrift *Die Sage von Hero und Leander
in der Dichtung* (Berlin 1890), in der vorwiegend die mittelalter-
lichen und neuzeitlichen Darstellungen behandelt sind; zahlreiche
Nachträge dazu geben seine Recensenten[1]), die alle die Unvoll-
ständigkeit des von Jellinek gesammelten Materials hervorheben.
Erst recht eine die umfassendste Kenntnis der Litteraturen aller
Völker erfordernde Durcharbeitung bedürfen die Volkssagen und
Volkslieder, die Jellinek anhangsweise, aber ebenfalls unvollständig
mitgeteilt hat. Nachfolgende Untersuchung steckt sich ein näheres
und bescheideneres Ziel: es soll auf Grund des vorhandenen antiken
Materials[2]) die für die Folgezeit mafsgebende dichterische Bearbeitung ermittelt, sodann die Vorlage des Dichters, nämlich die
hellespontische Lokalsage, analysiert werden. Und wenn auch bei
der lückenhaften Überlieferung manche Frage unerledigt bleiben
wird, so hoffe ich doch durch schärfere Sichtung des Stoffes zu
einigen neuen Resultaten gekommen zu sein, die der verehrte Em-
pfänger dieser Festgabe als einen freilich unvollkommenen Ersatz
für die von einem der besten Kenner alexandrinischer Dichtung
früher verheifsene Bearbeitung betrachten möge.[3]).

Zunächst gilt es einige Vorfragen zu erledigen. Die ausführ-
lichste Darstellung der Sage giebt bekanntlich der Grammatiker
Musaeus in seinem Epyll τὰ καθ' Ἡρὼ καὶ Λέανδρον: sie ist für
die Folgezeit die fast allein mafsgebende gewesen und pflegt von
den modernen Litterarhistorikern höchlichst bewundert und gepriesen

---

ovidischen Epistel geschöpft habe. Auch sonst enthält die Einleitung
manches Schiefe oder Falsche; die anhangsweise mit grofser Sicherheit
des Urteils vorgetragenen Textänderungen sind alle abzulehnen.

1) *DLZ*. 1891, Nr. 25 (Varnhagen); *Litbl. f. germ. und rom. philol.*
1891, Nr. 1 (C. Müller); *Engl. Stud.* XVII 124 ff. (L. Fränkel); *Ztschr. f.
vgl. Litteraturgesch.* N. F. V 125 f. (W. von Biedermann u. Koch); *Anz.
f. d. Altert.* XX 35 (B. Hoenig).

2) Von den litterarischen Zeugnissen ist das von Klemm mehrfach
verwertete Gedicht εἰς Ἀλφειὸν ποταμόν Anth. Pal. IX 362 auszuscheiden.
Nach R. Hollands Nachweis (*Comment. Ribbeck.* 412 ff.) berührt es sich
so nahe mit Musaeus, dafs der eine Dichter den andern gekannt und
benützt haben mufs. Die auf die Sage bezüglichen Bildwerke und bildlichen Darstellungen sind in Roschers *Lexikon* II 1919—20 wohl leidlich
vollständig verzeichnet, die Durchzeichnung einer neuerdings veröffent-
lichten abydenischen Münze (Warwick Wroth *Catalogue of the Greek
coins of Troas, Aeolis and Lesbos* (London 1894) pl. III 3) verdanke ich
Hrn. Dr. Hubert Schmidt in Berlin. Über das neuerdings zu Pompeji
im Hause der Vettier gefundene Wandbild, welches Hero und Leander
darstellt, handelt Mau *Scavi di Pompei* in den *Röm. Mittei.* XI 17.

3) Vgl. Dilthey *observat. in epistulas heroidum Ovidianas partic.* I 8
(Göttinger Lektionsverz. 1884/85). Auf eine Polemik mit Klemm im einzelnen verzichte ich: ein Vergleich seiner Darlegung mit der nachfolgenden, die ich, Bedenken und Weisungen meines Freundes E. Oder folgend, z. T. ganz umgearbeitet habe, wird zeigen, wie weit das Urteil
R. Ehwalds (*Bursians Jahresb.* LXXX (1895) 27) über Klemms Arbeit berechtigt ist.

zu werden.[1]) Zu dieser Anerkennung hat ihr Franz Passow (*Musaios.*
Urschrift, Übersetzung, Einleitung und kritische Anmerkungen, Leipzig
1810) verholfen, dessen ästhetische Würdigung (S. 99—113) von
den Neueren gern aus- und nachgeschrieben wird. Ich setze die
Hauptstelle (S. 103 f.) her, um einige Bemerkungen daran zu
knüpfen: 'Nach einer zweckmäßigen Schilderung des Lokals, die
notwendig war, weil etwas Lokales das Ereignis bedingt, und die
Scene das ganze Gedicht hindurch die Eine, unmittelbar in alles
eingreifende bleibt, erscheinen die beiden, um die sich alles dreht,
in der reichen Umgebung eines üppigen Festes, das nicht sinnvoller
gewählt werden konnte, sieht man nun auf den Kontrast mit dem
einsamen, wilden Tod der Liebenden, oder auf die Herrlichkeit,
mit der die Jungfrau, die die Hauptperson bleibt, dadurch wirk-
samer umgeben wird, als durch die längste Schilderung; oder endlich auf den ächt tragischen Gedanken, vorbedeutend ein Fest der
Aphrodite und des Adonis zu dem Tage zu wählen, an welchem
ihre unglückbringende Liebe begann. Das Leben und die schöne
Wahrheit der folgenden Gespräche gehört wieder zu den
auffallendsten, gar nicht zu übersehenden oder gar zu
verkennenden Vorzügen des Gedichts. Hindeuten aber wollen
wir auf die höchst plastische Vereinzelung der Momente; denn
anstatt, wie andere Dichter gethan, die Freuden im allgemeinen
zu schildern, die den Liebenden alle Nächte zuteil wurden, hebt
er mit glühenden Farben eine einzelne Nacht heraus und läßt
von dieser, bis zur vollendeten Anschaulichkeit darge-
stellten, den Schluß auf alle andern machen; so die reichste
Fülle in der Ausführung mit dem reinsten Maß in der
Anlage verbindend. Über alle Begriffe schön aber ist der all-
mähliche Übergang vom höchsten Leben zum grausenvollen Tod,
durch mehrere Stufen und in verschiedenen Beziehungen durch-
geführt. Zu Anfang ist die Scene reich mit jubelnden Gästen gefüllt; sie wird immer leerer, bis die beiden Liebenden und ihre
treue Fackel (?) die einzigen Gestalten in dem großen Gemälde
sind, das unendlich furchtbar wird durch den ungeheuren Hinter-
grund, den das ahndungsvolle Meer bildet. Dann trennen sich auch
die Liebenden: dann verlöscht auch die Lampe, und das ist die
Stunde des Todes. Parallel damit läuft das Neigen der Jahreszeit,
und wie das frohe Fest der Vorbote ihrer Liebe war, so verkündet
am Ende der keineswegs ohne Grund so reich ausgemalte
Wintersturm ihren Tod. Und ebenso ist auch das Sinken der
Tageszeit benutzt: dieses alles aber ohne die geringste Anmaßung:
es ist so innig und natürlich mit dem Gang der Geschichte ver-
woben, daß es das Ansehn der Notwendigkeit erhält. Besonderer

---

1) Zuletzt von J. Schwering *Grillparzers hellenische Trauerspiele*
(Paderborn 1891) 154.

Erwähnung wert ist noch die Kürze, mit der er über den Tod
der beiden hinweggeht, und das einfach austönende Ende.' —
Es ist unverkennbar der Ton der Romantik, der aus diesen Worten
Passows hervorklingt, und dafs diese Richtung Geist von ihrem
Geiste in der Dichtung des späten Griechen zu finden glaubte, war
begreiflich und ist in gewissem Sinne auch berechtigt. Aber man
blieb bei allgemeinen, zu einer oberflächlichen ästhetischen Be-
urteilung hinleitenden Eindrücken stehen: Passow preist zwar G. Her-
manns 'über alles Lob und allen Tadel erhabene' Abhandlung über
das Alter des orphischen Argonautengedichtes und setzt danach
seinen Schriftsteller richtig als einen Nachahmer des Nonnus an,
aber es bedurfte erst eingehender metrischer und sprachlicher Untersuchungen, um in jenem einen Plagiator des grofsen panopolitanischen Dichters und in seinem Werke einen Cento aus den Dionysiaca
und z. T. der Metaphrase des Johannesevangeliums zu erkennen.[1]
Aber vielleicht hat der Dichter trotz dieser Unselbständigkeit im
sprachlichen Ausdruck ein leidlich komponiertes Ganze geschaffen?
Weit gefehlt! Das Epyll enthält in der uns vorliegenden Gestalt
343 Hexameter; zieht man die Einleitung (V. 1—29) ab, so um-
fafst die erste Zusammenkunft 202 Verse (bis 231), so dafs auf die
Hauptbegebenheiten (erster Schwimmversuch Leanders (232—255),
Liebesnacht (256—288), Katastrophe (289—343) wenig mehr als
ein Drittel entfällt. Wenn nun auch im zweiten Teil der Text
mehrmals lückenhaft ist, so reichen doch die in Rechnung zu
stellenden Verse nicht hin, um dieses auffallende Mifsverhältnis
wieder gut zu machen. Aber es kommt noch schlimmer, sobald
man die Erzählungskunst in dem offenbar mit besonderer Liebe
ausgeführten ersten Teil schärfer ins Auge fafst. Nach der pomp-
haften Einleitung zu dem sestischen Adonisfeste (42—54) erwartet
man die Heldin als Aphroditepriesterin irgendwie handelnd auftreten zu sehen. Jedoch thut sie, wie Oder treffend bemerkt, überhaupt nichts, wenn man nicht das Auf- und Abgehen im Tempel
(55; 71) als eine 'Handlung' ansehen will. Hier ist ein Vergleich
mit Grillparzers Hero in 'des Meeres und der Liebe Wellen' recht
lehrreich: während die Priesterin dem Liebesgotte opfert, begegnet
sich ihr Blick mit dem Leanders (1. Aufzug, Schlufs), und ein neues,
ihr unbekanntes Gefühl ist über sie gekommen. — Ebenso unklar
gehalten ist die Schilderung des verliebten Jünglings. Er sieht
nach ihr und tritt ihr entgegen: man möchte wissen, bei welcher
Gelegenheit; er wartet auf die Nachtzeit: wo, erfahren wir wieder
nicht; endlich geht er ihr nach und zieht sie am Gewande ins
Innere des Tempels (119) — und von dem gar nicht näher be-

---

1) Diese Ergebnisse liegen nunmehr in mustergültiger Weise zusammengestellt in L. Schwabes Gratulationsschrift zur Tübinger Philologen-
versammlung 1876 vor (*De Musaeo Nonni imitatore liber*).

schriebenen Adonisfeste ist keine Rede mehr. Das ist doch ein
Mangel an Gestaltungskraft, der durch das rauschende Pathos der
Darstellung nur schlecht verdeckt wird. Endlich, nach den Reden
Heros und Leanders, die im Verhältnis viel zu breit ausgesponnen
sind, kommt der Stümper auf das eigentliche Thema und schlägt
nunmehr ein schnelleres Tempo an: man fühlt, dafs es ihm daran
lag, seine Aufgabe eilig zu Ende zu führen. So hinterläfst das
ganze Gedicht durch seine ungeschickte Komposition keinen erfreu-
lichen Eindruck.

Ganz anders mufs unser Urteil lauten, wenn wir die beiden
dem Ovid fälschlich zugeschriebenen Briefe betrachten. Zwar die
unglückliche Fiktion des Briefschreibens hat zu Unzuträglichkeiten
geführt. Wenn der Dichter den Brief Leanders dem geliebten Mädchen durch einen kühnen Schiffer überbringen läfst — es ist wohl
derselbe, der auch Heros Antwortschreiben überbringt —, weil er
selbst wegen der aufgeregten See nicht kommen kann, so stellt
er, ohne es zu ahnen, dem *tumidarum victor aquarum* ein schlechtes
Zeugnis aus, von der unwahrscheinlichen Erfindung ganz abgesehen.
Aber dafür entschädigen uns Partien von der reinsten Schönheit:
die Erzählung von dem ersten Besuch bei der Geliebten (L. 53
—118) und die Schilderung ihres Seelenzustandes (H. 7—28;
33—66). Letztere hat M. überhaupt unterschlagen, ein Vergleich
der ersteren mit der entsprechenden Stelle in seinem Epyll läfst
die Überlegenheit in der Erzählungskunst des Römers erst recht
in hellem Lichte erscheinen. Es ist nun von vornherein unwahr-
scheinlich, dafs der Dichter, mit dessen astronomischen und geographischen Kenntnissen es nicht zum besten bestellt ist, solche
Glanzstellen aus eigener Kraft geschaffen hat. Und je kälter uns
die gesuchte und spitzfindige Rhetorik in den beiden Episteln läfst,
um so lieber kehren wir zu diesen aus ihrer Umgebung durch
ihre Naturwahrheit sich abhebenden Partien zurück. O. Ribbeck
hat recht (*Gesch. der röm. Dichtung* II 257): es sind zwei rein
gestimmte Kinderseelen, die der Schmerz der Trennung und das
Verlangen nach Zusammensein verzehrt. Da nun O., wie aus der
Analogie mit den anderen Heroiden (XV, XVI; XIX, XX) zu entnehmen ist, nicht nur den Sagenstoff, sondern auch eine bestimmte
Bearbeitung desselben als bekannt voraussetzt [1]), so erhebt sich

---

1) Sehr richtig bemerkt bereits Buttmann über die Episteln des
Akontios und der Kydippe *Mythologus* II 116: *Diese Gattung von Gedichten setzt die Bekanntschaft des Lesers mit der Erzählung, worauf sie
sich beziehen, wenigstens soweit es ihnen um den eigentlichen epischen Zusammenhang zu thun sein kann, schon voraus; wiewohl der Dichter
soviel als zur ästhetischen Befriedigung dessen, der die Geschichte etwa
nicht kennt, nötig ist, in seinen Vortrag zu verweben weifs.* — Im Folgenden gebrauche ich die Abkürzungen: U für die pseudoovidischen Briefe,
L = Brief Leanders, H = Brief Heros; M = Musaeus (ed. Schwabe).

nunmehr die Frage, ob dieselbe Quelle von M. für seine Erzählung benützt ist. Diese Frage ist von Dilthey, Rohde, Ribbeck, Klomm u. a. bejaht worden. In der That scheinen eine Anzahl nicht zufälliger Übereinstimmungen zu diesem Rückschluſs zu berechtigen. Der Vers L. 148:

idem navigium, navita, vector ero ==

M. 255: αὐτὸς ἐὼν ἐρέτης, αὐτόστολος, αὐτομάτη νηῦς,

in dem der gleiche, originelle Gedanke scharf ausgeprägt ist, dürfte allein die Annahme eines gemeinsamen Originals nahelegen. Dazu kommt der Parallelismus L. 149—156:

nec sequor aut Helicen aut qua Tyros utitur, Arcton:
publica non curat sidera noster amor;
Andromedan alius spectet claramque Coronam
quaeque micat gelido Parrhasis Ursa polo! [1])
at mihi, quod Perseus et cum Iove Liber amarunt,
indicium dubiae non placet esse viae:
est aliud lumen, multo mihi certius istis,
non errat tenebris quo duce noster amor.

~ M. 212 ἔσσομαι ὁλκὰς Ἔρωτος, ἔχων σέθεν ἀστέρα λύχνον,
218 λύχνον, ἐμοῦ βιότοιο φαεσφόρον ἡνιοχῆα
213 καί μιν ὀπιπεύων (οὐκ ὀψὲ δύοντα Βοώτην,
οὐθρασὺν Ὠρίωνα καὶ ἄβροχον ὁλκὸν ἁμάξης)
Κύπριδος ἀντιπόροιο ποτὶ γλυκὺν ὅρμον ἱκοίμην.

Zu dem letzten Verse vgl. L. 207:

istic est aptum nostrae navale carinae.

Wenn bei M. andere Sternbilder als bei O. genannt sind, so erklärt sich das aus Nonnus- und Homerreminiscenzen, durch die er seine Vorlage verdunkelt zu haben scheint.[2]) Ferner ruft Leander

---

1) Hier hat, wie Oder richtig bemerkt, der Nachdichter einen astronomischen Schnitzer gemacht, indem er *Helice* und *Parrhasis Ursa* für zwei verschiedene Sternbilder hielt.
2) 213 καί μιν ὀπιπεύων = Dion. XXXII 41; ὀψὲ δύοντα Βοώτην = ι 271; 214 = Dion. XX 83 und XXIII 205.
Dagegen stimmt O. mit Arat. 31 ff.:

καὶ τὴν μὲν Κυνόσουραν ἐπίκλησιν καλέουσι,
τὴν δ᾽ ἑτέρην Ἑλίκην. Ἑλίκῃ γε μὲν ἄνδρες Ἀχαιοί
εἰν ἀλὶ τεκμαίρονται ἵνα χρὴ νῆας ἀγινεῖν,
τῇ δ᾽ ἄρα Φοίνικες πίσυνοι περόωσι θάλασσαν

und 71 f.:

Στέφανος, τὸν ἀγανὸν ἔθηκε
σῆμ᾽ ἔμεναι Διόνυσος ἀποιχομένης Ἀριάδνης.

Das giebt vielleicht einen Fingerzeig für die Quelle, wenn man annehmen darf, daſs Arat nur mittelbar benützt ist. Der Reihenfolge der Gestirne bei M. entspricht mehr Ovid. a. a. II 55:

bei beiden in gleicher Weise den Boreas an und motiviert das
durch den Hinweis auf dessen Liebe zu Oreithyia; bei O., indem
er nach einem durch das stürmische Meer vereitelten Schwimmversuch sehnsüchtig nach dem Turm der Geliebten späht, L. 37 ff.:

> At tu, de rapidis immansuetissime ventis,
> quid mecum certa proelia mente geris?
> in me, si nescis, Borea, non aequora, saevis!
> quid faceres, esset ni tibi notus amor?
> iam gelidus quod sis, num te tamen, inprobe, quondam
> ignibus Actaeis incaluisse negas?

bei M. 322 mit dem Tode ringend:

> Ἀτθίδος οὐ Βορέην ἀμνήμονα κάλλιπε νύμφης.

Man wird diese Stellen nicht über-, aber auch nicht unter-
schätzen dürfen. Zunächst muſs betont werden, daſs bei den verschiedenen Tendenzen des Epikers und des Epistolographen natur-
gemäſs nur wenige Berührungspunkte sich finden können. Wo also
nicht gewöhnliche Übereinstimmungen auftreten — ich rechne
natürlich die aus einer gleichen Situation von selbst sich ergebenden
Ähnlichkeiten nicht mit —, so verdienen diese von vornherein die
gröſste Beachtung. Da ferner M. in seinem sprachlichen Ausdruck
fast durchweg von Nonnus abhängig ist, so ergeben sich nur zwei
Möglichkeiten: entweder hat er aus O. geschöpft, und das ist

> sed tibi non virgo Tegeaea comesque Bootae
> ensiger Orion aspiciendus erit.

Endlich mag noch die Frage aufgeworfen werden, ob Paulus Silentiarius
in der Beschreibung der Sophien-Kirche II 497 ff.:

> οὐχ Ἑλίκην, οὐχ ἡδὺ φάος Κυνοσουρίδος ἄρκτου
> εἰσορόων οἴηκι φερέσβιον ὁλκάδα κάλλει,
> ἀλλὰ τεοῦ νηοῖο θεοσδέα λαμπάδα λεύσσων
> φορτίδος εὐτόλμοιο προηγέτιν, οὐχ ὑπὸ μούνοις
> φέγγεσιν ἐννυχίοισι —

auf die gemeinsame Vorlage des O. und M. und nicht allein auf den
482 von ihm nachgeahmten M. (ἐπ' Ὠρίωνα καὶ ἄβρυχον ὁλκὸν ἁμάξης
= M. 214) zurückgeht. Das wäre die letzte Spur des verlorenen Gedichts
in byzantinischer Zeit (nach 568; vgl. Merian-Genast De Paulo Sil. Byz.
Diss. Lpz. 1889 p. 8). Daſs es Nonnus bekannt gewesen, ist von vornherein anzunehmen; dafür spricht vor allem der Versschluſs αὐτομάτῃ
νηῦς Motab. VI 88 (danach hat Dilthey dieselbe Form bei M. 255 hergestellt). Aber auch die Rede des in Semele verliebten Zeus Dion.
VII 286:

> Ἔννεπε, Νὺξ χρονίη, φθονερή, πότε δύεται Ἠώς;
> ἀλλὰ σὺ δαλὸν ἄειρε Διὸς προκέλευθον ἐρώτων
> λαμπάδα νυκτιπόλοιο προθεσπίζουσα Λυαίου

scheint sich darauf zu beziehen; vgl. M. 308 δαλὸν Ἐρώτων. Besäſsen
wir das Gedicht, so würden wir wohl noch mehr Stellen in den Dionysiaca als Entlehnungen bezeichnen können.

nach allem, was wir über Nonnus und seine Schule wissen, un-
erwiesen und unerweislich; oder beide gehen auf dieselbe ältere
Vorlage zurück, und das wird durch andere Beobachtungen bei M.
fast bis zur Gewifsheit erhoben. Denn so sehr sich der Schüler
bemüht hat, seinen Meister bis ins einzelne und kleinste zu kopieren,
so finden sich doch einige von dessen Technik oder Phraseologie
abweichende Stellen; sie stehen bei Schwabe unter dem Text,
Klemm hat sie p. 12 ohne Kritik zusammengestellt. Die beiden
wichtigsten Verse will ich ausschreiben:

V. 76 τοίην δ' οὔποτ' ὄπωπα νέην ἰδανήν θ' ἀπαλήντε.

Den vom nonnischen Partikelgebrauch abweichenden Schlufs hat
Dilthey vortrefflich verbessert und auf eine ältere Vorlage zurückgeführt. Passend vergleicht er Kallimachos Frg. 535 τὰς σὰς ἰδανὰς
χάριτας, und die Ähnlichkeit erhöht sich nach Schwabes richtiger
Bemerkung, wenn man den nächsten Vers

ἦ τάχα Κύπρις ἔχει χαρίτων μίαν ὁπλοτεράων;

hinzunimmt; allerdings ist in diesem der Schlufs aus Hom. Ξ 277
entlehnt. Sodann V. 203:

παρθένε, σὸν δι' ἔρωτα καὶ ἄγριον οἶδμα περήσω.

Hier ist der Anfang (παρθένε, σὸν δι' ἔρωτα = Dionys. XLII 363)
und Schlufs (χαροπῆς ἁλὸς οἶδμα περήσω = Dionys. IV 152) aus
Nonnus herübergenommen, um so stärker wiegt das Mittelstück,
das sich mit einem an derselben Versstelle vorkommenden Fragment bei Suidas s. οἶδμα. καὶ ἄγριον οἶδμα θαλάσσης deckt.
Reitzenstein hat im Rostocker Lektionsverzeichnis 1890/91 p. 13
nachgewiesen, dafs diese bei Suidas erhaltenen Bruchstücke durch
Vermittelung eines Kommentars (Sallustios) auf Kallimachos zurückgehen, und zwar fast alle auf die Hekale. Doch läfst er, wie auch
Wilamowitz *Callim. hymni ct epigrammata praef.* p. 6² bei einigen
die Möglichkeit einer Herleitung aus den Aitien offen. Daher wage
ich es, das von M. herübergenommene Fragment (Callim. frg.
an. 61), das bei einem anderen Nachahmer des Battiaden, Apollonios, in der Schilderung der Durchfahrt durch die Plankten,
Argon. IV 946:

ἄλλοτε δὲ βρύχιαι νεάτῳ ὑπὸ πυθμένι πόντου
ᾐρήειν, τὸ δὲ πολλὸν ὑπείρεχεν ἄγριον οἶδμα

wieder erscheint, nicht nur im allgemeinen für Kallimachos, sondern für eine Elegie in den Aitien in Anspruch zu nehmen, in der
die Geschichte unseres Liebespaares erzählt war. Eine schwache
Spur dieser als Quelle des M. vorauszusetzenden Elegie glaube ich
noch in dem Proömium zu finden:

Εἰπέ, θεά, κρυφίων ἐπιμάρτυρα λύχνον ἐρώτων
καὶ νύχιον πλωτῆρα θαλασσοπόρων ὑμεναίων

καὶ γάμον ἀχλυόεντα, τὸν οὐκ ἴδεν ἄφθιτος Ἡώς,
καὶ Σηστὸν καὶ Ἄβυδον, ὅπη γάμος ἔννυχος Ἡροῦς. —
οἰχόμενον δὲ Λέανδρον ὁμοῦ καὶ λύχνον ἀκούω.

In diesen Versen hat das letzte Wort bereits den älteren Herausgebern (vgl. Heinrichs Ausgabe, Hannover 1793, p. 40) Kopfzerbrechen verursacht; die richtige von J. H. Voſs dem Jüngeren gefundene Erklärung steht bei Passow an ziemlich versteckter Stelle p. 110. Voſs bezieht ἀκούω auf die Worte, welche die Muse dem sie anrufenden Sänger in die Seele haucht; es wird also σοῦ εἰπούσης aus dem Vorhergehenden zu ergänzen sein.[1]) Nun ist ja die Anrufung der Muse seit dem Proömium der Ilias etwas ganz Landläufiges, und M. hat, wie Schwabe nachweist, diese aus Nonnus geschöpft. Nicht so gewöhnlich aber ist, daſs das eigene 'Hören' besonders hervorgehoben wird; das finde ich nur noch bei dem falschen Oppian Kyneget. I 7:

τοῦτό με Καλλιόπη κέλεται, τοῦτ' Ἄρτεμις αὐτή.
ἔκλυον ᾗ θέμις ἐστί, θεείης ἔκλυον ἠχῆς,
καὶ θεὸν ἠμείφθην. πρώτη δέ με τοιάδ' ἔνισπεν·
'ἔγρεο καὶ τρηχεῖαν ἐπιστείβωμεν ἀταρπόν,
τὴν μερόπων οὔπω τις ἐῆς ἐπάτησεν ἀοιδαῖς' κτέ.

Dieses wunderliche Zwiegespräch zwischen der Muse und dem Dichter geht aber auf den Aitienprolog des Kallimachos zurück (Dilthey de Cyd. 16); man wird also wohl auf diesen das von Pseudooppian unverkennbar nachgeahmte Frg. 293 τὰ μὴ πατέουσιν ἄμαξαι, τὰ στείβειν, ἑτέρων δ' ἴχνια μὴ καθομά beziehen dürfen. Die poetische Einkleidung der Aitien war bekanntlich die, daſs ein Traum den Dichter zu dem Helikon unter die Musen entrückte:

αἱ δέ οἱ εἰρομένῳ ἀμφ' ὠγυγίων ἡρώων
Αἴτια καὶ μακάρων εἶρον ἀμειβόμεναι

(Anth. Pal. VII 42), und wie Frage und Antwort erfolgten, lehrt uns die Nachbildung in den ovidischen Fasten erkennen.[2]) Ich

---

1) Dies bemerkt Schömann in seinem jetzt mir gehörigen Exemplar der l'assowschen Ausgabe: In Beziehung auf das εἰπὶ gleichsam σοῦ εἰπούσης.

2) Seinerseits hat Kallimachos diese Erfindung aus älterer Dichtung, und zwar aus der äolischen Melik entlehnt, das zeigt die Spur eines Wechselgesprächs zwischen Dichterin und Lyra bei Sapph. Frg. 45 (Hermogenes III 187 Walz): καὶ ὅταν τὴν λύραν ἐρωτᾷ ἡ Σαπφώ καὶ ὅταν αὕτη ἀποκρίνηται, οἷον

ἄγε μοι, χέλυ δία, (so nach Hartung)
φωνάεσσα γένοιο.

Als letzte Instanz haben wir das Proömium der hesiodeischen Theogonie zu betrachten. Von bildlichen Darstellungen (vgl. darüber Bethe Rhein. Mus. XLVIII 91 f., Thiele De antiq. libris pictis cap. IV (Marburg. Habili-

möchte also bei M. das Wörtchen ἀκούω als einen dürftigen, aus
seiner Vorlage übernommenen Rest auffassen [1]), zumal da einige
Verse später das Aition folgt (vgl. Rohde *Rom.* 136, 1):

σὺ δ᾽, εἴ ποτε κεῖθι περήσεις,
δίζεό μοί τινα πύργον, ὅπῃ ποτὲ Σηστιὰς Ἡρὼ
ἵστατο λύχνον ἔχουσα καὶ ἡγεμόνευε Λεάνδρῳ,
δίζεο δ᾽ ἀρχαίης ἁλιηχέα πορθμὸν Ἀβύδου
εἰσέτι που κλαίοντα μόρον καὶ ἔρωτα Λεάνδρου (24 ff.).

Diese Verse stimmen mit Statius Theb. VI 525:

> sedet anxia turre suprema
> Sestias in speculis

und besonders mit einem Epigramm des Antipatros von Thessalonike Anth. Pal. VII 666:

Οὗτος ὁ Λειάνδροιο διάπλοος, οὗτος ὁ πόντου
πορθμός, ὁ μὴ μούνῳ τῷ φιλέοντι βαρύς.
ταῦθ᾽ Ἡροῦς τὰ πάροιθεν ἐπαύλια, τοῦτο τὸ πύργου
λείψανον, ὁ προδότης ὧδ᾽ ἐπίκειτο λύχνος.

Es wird im Folgenden gezeigt werden, daß sowohl Statius
als auch Antipatros in Einzelheiten nahe Berührungen mit O.
haben, die nur durch Benützung eines gemeinsamen Originals zu
erklären sind, danach dürfen wir dasselbe auch in diesem Falle
voraussetzen.

Mit dem Indicienbeweis, daß eine Elegie in den Aitien die
Quelle des M. gewesen ist, bin ich zu Ende: er ist, wie ich zu
meinem Leidwesen bekennen muß, nicht ausreichend und hat über
das Maß der Wahrscheinlichkeit nicht hinausgeführt. [2]) Aber einige
allgemeine Erwägungen, die bereits von anderen ausgesprochen
sind und sich jedem Leser des M. aufdrängen müssen, mögen hier

tationsschrift 1897), p. 12, 30) führe ich nur das kürzlich in Tunis gefundene Mosaik an, über das die Berl. phil. Wochenschr. 1896, 1664 nach
der Voss. Zeitung berichtet: *Vergil sitzt zwischen Klio und Melpomene;
beide Musen scheinen abwechselnd zu dem Dichter zu sprechen, der die
Rechte mit erhobenem Zeigefinger an seine Brust drückt und zurückgewor-
fenen Hauptes, die Augen gen Himmel gerichtet, den Eingebungen der
Musen lauscht.*

1) Schwabe bemerkt: ἀκούω eadem significatione infra 76. Aber
hier ist von Tradition die Rede, wie in den angeführten Stellen aus
Nonnus.

2) Bei Seite gelassen sind die Reminiscenzen aus Apollonios, die
z. T. in der vorausgesetzten kallimacheischen Elegie gestanden haben
können — doch ist eine direkte Entlehnung aus den Argonautica wahr-
scheinlicher — sowie einiges minder Beweiskräftige. Der Versuch Klemms,
die von Dilthey richtig beurteilten Übereinstimmungen des Aristainetos
(in der Kydippe-Paraphrase) mit Musaeus auf Kallimachos zurückzuführen,
ist trotz Ehwalds Billigung vollständig verfehlt.

eine schickliche Stelle finden. Das brennende Kolorit der nonnischen Darstellung erscheint bei dem Schüler nicht nur aus dich-
terischem Unvermögen gemildert: sie ist frei von aller Lüstern-
heit, und ein 'Hauch altgriechischer Charis' entströmt noch der
'letzten Rose des dahinwelkenden griechischen Dichtergartens'. Das
war es, was die Litterarhistoriker angezogen und zu freilich un-
verdienten Lobsprüchen veranlafst hat.[1]) Dazu kommt noch eins.
Dafs ein hellenistischer Dichter die liebliche hellespontische Schiffer-
sage hervorgezogen und bearbeitet hat, wird allgemein zugestanden.
Der Stoff war so einfach, dafs Abweichungen kaum möglich waren.
Gesetzt, dafs diese Lokalsage von verschiedenen 'Alexandrinern'
behandelt war, so konnte die Kunst des einzelnen Bearbeiters sich
nur in der dichterischen Ausmalung der einzelnen Züge zeigen.
Da ist es doch von der höchsten Bedeutung, dafs durch die Jahrhunderte von Vergil bis auf Agathias[2]) sich alle ausführlicheren
Erzählungen, kürzeren Erwähnungen und flüchtigen Andeutungen zu
einem allerdings oft genug unkenntlichen, verdunkelten oder ver-
blafsten, aber einheitlichen Ganzen zusammenschliefsen. Folglich
kann nur ein grofser Dichter *qui ingenio et arte valet* der Sage
diese kanonische Form gegeben haben, und so kommen wir durch
diese Erwägungen wieder auf den Meister der alexandrinischen
Elegie zurück.

Nach dem Gesagten erscheint es unmöglich das Original in
den Grundzügen zu rekonstruieren, etwa in der Art, wie Dilthey
an der Hand der Paraphrase des Aristainetos den Gang der Kydippe mit grofsem Glück wiederhergestellt hat. Da O., so un-
schätzbar seine Angaben für Einzelheiten sind, keine fortlaufende
Erzählung bietet, M. aber nur mit Kritik benützt werden darf, so
bleiben wir über den Gang der Handlung im Unklaren und müssen
uns darauf beschränken, die *disiecti membra poetae* versuchsweise
zusammenzufügen.

Drei Teile ergeben sich von selbst: die erste Bekanntschaft
der Liebenden, das nächtliche Schwimmen des Helden und der Unter-
gang des Paares.

Was den ersten Teil betrifft, so sind wir allein auf M. an-

---

1) Bernhardy *Grundrifs der griech. Litt.* II 1, 404 bemerkt richtig,
dafs man in dem Epos mehr eine erotische Elegie sehen müsse. — Vom
'hochromantischen Euphuismus des feineren Musaios' im Gegensatz zu
Nonnus redet T. Mommsen *Beitr. zu der Lehre von den griech. Präposi-
tionen* 245, der die Erfindungskraft des Dichters nicht hoch stellt. W. v.
Humboldt (*Werke* IV 189) hat, wie ich aus Rohde *Rom.* 133, 1 entnehme,
den Dichter im ganzen zutreffend beurteilt.

2) Vgl. Wilamowitz *Callim. praef.* 6: *vergente aetate, exolescente
sensim et poesi et eruditione, magis etiam Alexandrinorum poetarum, qui e
noviciis classici tum facti erant, studium colebatur. princeps Christianae
poeseos Gregorius, schola Nonniana, epigrammatographi aetatis Iustinianeae
vix quemquam studiosius lectitare aut imitari solent quam Callimachum.*

gewiesen. Danach wurde Leander durch den Pfeil des Eros getroffen
in Liebe zu der schönen Hero entflammt, als er von Abydos zu
dem sestischen Aphroditefeste hinüberkam. Man wird Gleiches oder
doch Ähnliches im Originale voraussetzen dürfen. Denn dafs O.
diese erste Begegnung verschweigt, ja nicht einmal den von M.
wiederholt betonten Charakter Heros als Priesterin zu kennen
scheint, bildet keine Gegeninstanz: es mufste doch eine Gelegenheit sein, bei welcher der Jüngling aus Abydos jenseits des Meeres
nach Sestos kam, um die gewöhnlich im einsamen Turm hausende
Hero zu sehen. Und es bot sich kaum eine andere Gelegenheit
dar, als ein Fest, wo das Mädchen als Aphroditepriesterin vor aller
Augen ihres Amtes waltete.[1]) Auffallender erscheint eine Abweichung.
Bei M. ist Leander der Jungfrau unebenbürtig: πῶς γὰρ ἀλήτης
ξεῖνος ἐὼν καὶ ἄπιστος ἐμῇ φιλότητι μιγείης; (177), bei O. Hero
unebenbürtig dem Jüngling:

> interdum metuo, patria ne laedar et inpar
> dicar Abydeno Thressa puella toro. (H. 99.)

Aber hier hat M. das Ursprüngliche bewahrt. Ich kann einstweilen
nur auf den zweiten Teil dieser Untersuchung verweisen, worin
gezeigt werden wird, dafs Hero wirklich eine διοτρεφὲς αἷμα λαχοῦσα ist. Ihre eigene Äufserung bei O. gehört zu dem festen
Bestande der erotischen Topik, wie sie uns in den echten ovidischen Heroiden begegnet. Unbedingt erforderlich war eine Exposition über den Wohnort des Mädchens, die man sich am liebsten
ihr selbst in den Mund gelegt denken wird, ungefähr wie M. dies
187 ff. ausgeführt hat, ferner die Liebeswerbung und endlich die
Verabredung, mit der nächtlichen Leuchte dem Geliebten den Weg
durch den Hellespont zu weisen. Alle Einzelheiten dieser im Original vorauszusetzenden Partie bleiben leider unkenntlich; nur zu
vermuten ist, dafs die p. 51f. aus O. und M. angeführten Parallelen
hier ihre Stelle gefunden haben.

Festeren Boden haben wir unter den Füfsen von V. 55 an,
wo O. den ersten Schwimmversuch Leanders schildert; ich setze
den ganzen Abschnitt (L. 55—118) her:

55
> Nox erat incipiens (namque est meminisse voluptas),
> cum foribus patriis egrediebar amans;
> nec mora, deposito pariter cum veste timore
> iactabam liquido bracchia lenta mari.
> Luna fere tremulum praebebat lumen eunti
60
> ut comes in nostras officiosa vias;

---

1) Klemm hat p. 13—23 nachzuweisen versucht, dafs die Exposition
bei M. mit der Kydippe übereinstimmt. Aber nur die Situation ist ähnlich — und diese kehrt immer wieder (Dilthey p. 49, 2) —. Einzelheiten
können kaum verglichen werden. Das Kolorit ist allerdings kallimacheisch,
das beweist aber für diesen Fall nichts.

hanc ego suspiciens 'faveas, dea candida', dixi,
 'et subeant animo Latmia saxa tuo!
non sinit Endymion te pectoris esse severi;
 flecte, precor, vultus ad mea furta tuos!
65 tu, dea, mortalem caelo delapsa petebas:
 vera loqui liceat, quam sequor ipse, dea est;
neu referam mores caelesti pectore dignos,
 forma nisi in veras non cadit illa deas.
a Veneris facie non est prior ulla tuaque,
70 neve meis credas vocibus, ipsa vide!
quantum cum fulges radiis argentea puris,
 concedunt flammis sidera cuncta tuis,
tanto formosis formosior omnibus illa est:
 si dubitas, caecum, Cynthia, lumen habes.'
75 haec ego, vel certe non his diversa locutus
 per mihi cedentes nocte ferebar aquas:
unda repercussae radiabat imagine lunae,
 et nitor in tacita nocte diurnus erat;
nullaque vox usquam, nullum veniebat ad auras
80 praeter dimotae corpore murmur aquae;
Alcyones solae memores Celycis amati
 nescioquid visae sunt mihi dulce queri.
iamque fatigatis umero sub utroque lacertis
 fortiter in summas erigor altus aquas;
85 ut procul aspexi lumen, 'meus ignis in illo est,
 illa meum' dixi 'litora lumen habent.'
et subito lassis vires rediere lacertis,
 visaque quam fuerat mollior unda mihi.
frigora ne possim gelidi sentire profundi,
90 qui calet in cupido pectore, praestat amor.
quo magis accedo propioraque litora fiunt,
 quoque minus restat, plus libet ire mihi.
cum vero possim cerni quoque, protinus addis
 spectatrix animos ut valeamque facis.
95 nunc etiam nando dominae placuisse laboro
 atque oculis iacto bracchia nostra tuis.
te tua vix prohibet nutrix descendere in altum
 (hoc quoque enim vidi nec mihi verba dabas)
nec tamen effecit, quamvis retinebat euntem,
100 ne fieret prima pes tuus udus aqua.
excipis amplexu feliciaque oscula iungis,
 oscula, di magni, trans mare digna peti,
eque tuis demptos umeris mihi tradis amictus
 et madidam siccas aequoris imbre comam.
105 cetera nox et nos et turris conscia novit,
 quodque mihi lumen per vada monstrat iter.

non magis illius numerari gaudia noctis
Hellespontiaci quam maris alga potest.
quo brevius spatium nobis ad furta dabatur,
110   *hoc magis est cautum, ne foret illud iners.*
iamque fugatura Tithoni coniuge noctem
praevius Aurorae Lucifer ortus erat:
oscula congerimus properata sine ordine raptim
et querimur parvas noctibus esse moras,
115   *atque ita cunctatus monitu nutricis amaro*
frigida deserta litora turre peto.
digredimur flentes repetoque ego virginis aequor
respiciens dominam dum licet usque meam.

Ioh habe die wunderschöne, mit Recht von Ribbeck (a. a. O
p. 257) gepriesene Schilderung ganz ausgehoben, da sie nach dem
Urteil eines Kenners alexandrinischer Poesie (Dilthey a. a. O. p. 8)
noch sichtbare Spuren des Originals aufweist. Dafs dieser allgemeine Eindruck nicht trügt, lehren verschiedene, deutlich auf
alexandrinische Muster zurückgehende Parallelen. So entspricht der
Anrufung Selenes ein bereits von den älteren Erklärern (vgl.
Klemm p. 31) herbeigezogenes Epigramm Philodems Anth. Pal.
V 123 (4 Kaibel):

νυκτερινή, δικέρως, φιλοπάννυχε, φαῖνε, Σελήνη,
φαῖνε δι' εὐτρήτων βαλλομένη θυρίδων,
αὔγαζε χρυσέην Καλλίστιον· ἐς τὰ φιλεύντων
ἔργα κατοπτεύειν οὐ φθόνος ἀθανάτῃ.
ὀλβίζεις καὶ τήνδε καὶ ἡμέας, οἶδα, Σελήνη·
καὶ γὰρ σὴν ψυχὴν ἔφλεγεν Ἐνδυμίων

in der Pointe so sehr, dafs wir die gemeinsame Vorlage noch zu
erkennen glauben.[1]) Echt alexandrinisch ferner ist die Schilderung
der nächtlichen Ruhe; es sei nur erinnert an Apollon. III 749
(übersetzt von Varro v. Atax Frg. 7 FPL. p. 333):

οὐδὲ κυνῶν ὑλακὴ ἔτ' ἀνὰ πτόλιν, οὐ θρόος ἦεν
ἠχήεις, σιγὴ δὲ μελαινομένην ἔχεν ὄρφνην,

und für die später stereotyp gewordenen Klagen der Eisvögel
(Ps. Mosch. epit. Bion. 40 [verbessert von Bücheler], Kaibel epigr.
205, 6; 241, 8 — 367, 5) haben wir vielleicht hier das Original
zu suchen. Endlich erinnert die erotische Pointe 89:

---

1) In seinem letzten Gedicht, der Locke der Berenike, kommt Kallimachos noch einmal darauf zurück: Catull 66, 5
     ut Triviam furtim sub Latmia saxa relegans
        dulcis amor gyro devocet aerio.
Vgl. Naeke *opusc.* I 230. Fraglich bleibt, ob Apollon. IV 55 auf die
obige Stelle Bezug nimmt.

frigora ne possim gelidi sentire profundi,
  qui calet in cupido pectore, praestat amor

~ Mus. 245:

δεινὸς Ἔρως καὶ πόντος ἀμείλιχος· ἀλλὰ θαλάσσης
ἔστιν ὕδωρ, τὸ δ' Ἔρωτος ἐμὲ φλέγει ἐνδόμυχον πῦρ.
ᾆξεο πῦρ, κραδίη, μὴ δείδιθι νήχυτον ὕδωρ

an das wohl im Anschlufs an ein alexandrinisches Vorbild ausge-
führte, nur etwas anders gewandte Epigramm des Valerius Aedi-
tuus (FPL. p. 275, vgl. Ribbeck a. a. O. I p. 291[1]):

  Quid faculam praefers, Phileros, quae nil opus nobis?
  ibimus sic: lucet pectore flamma satis.
  istam nam potis est vis saeva extinguere venti
    aut imber caelo candidus praecipitans;
  at contra hunc ignem Veneris, nisi si Venus ipsa,
  nulla est quae possit vis alia opprimere.

vgl. Propert. IV 15, 15:

  Luna ministrat iter, demonstrant astra salebras,
    ipse Amor accensas percutit ante faces,

wozu bestätigend die von Wilamowitz erläuterte 'Klage des
Mädchens' (*Nachr. der Gött. Ges. der Wissensch.* 1896, 209 ff.)
tritt, V. 15:

  συνοδηγὸν ἔχω τὸ πολὺ πῦρ
  τοὖν τῇ ψυχῇ μοι καιόμενον.

Darum fliegt auch Eros mit einer Fackel dem kühnen Schwimmer
voran auf abydenischen (*Berl. Königl. Münzkabinet* Nr. 884) und
sestischen (Sallet *Beschreib.* I 274 Nr. 46, vgl. Eckhel *Doctr. numm.*
II 479) Münzen, die die Sage darstellen; solche Darstellungen mag
u. a. Statius im Auge haben, wenn er seinen Amor Silv. I 2, 87
einführt:

  vidi et Abydeni iuvenis certantia remis
  bracchia laudavique manus et saepe natanti
  praeluxi.

In dieser Schilderung des Römers kommt auch die Amme als die
Vertraute der Liebenden zu ihrem Rechte, während M., nachdem er
sie zuvor flüchtig erwähnt hat (188), an dieser Stelle auffallender-
weise von ihr schweigt. Überhaupt ist eine Vergleichung der entsprechenden Partie bei M. (232—288) recht lehrreich. So schön
nämlich die Schilderung bei O. ist, so fällt doch auf, dafs das ver-
abredete Signal auf dem Turme Heros durch den hellen Mondschein
überflüssig wird. Das scheint der Bearbeiter, wohl auch hierin
seinem Original folgend, empfunden zu haben, denn nachdem 31:

  lumina quin etiam summa vigilantia turre
  aut videt aut acies nostra videre putat

angedeutet ist, daſs die Entfernung ein deutliches Erkennen nicht ermöglichte, wird der schwimmende Leander erst, als er eine groſse Strecke zurückgelegt hat und bereits ermüdet, der Leuchte gewahr (85) und dadurch zu neuem Wagemut angespornt. Hier treffen O. und M. im Ausdruck zusammen:

> *ut procul aspexi lumen,* '*meus ignis in illo est,*
> *illa meum' dixi 'litora lumen habent'*

~ M. 239:

> ἀναπτομένοιο δὲ λύχνου
> θυμὸν Ἔρως ἔφλεξεν ἐπειγομένοιο Λεάνδρου·
> λύχνῳ καιομένῳ συνεκαίετο,

aber er sieht dieses vom Strande, bevor er sich in das tosende Meer stürzt:

> πὰρ δὲ θαλάσσῃ
> μαινομένων ῥοθίων πολυηχέα βόμβον ἀκούων
> ἔτρεμε μὲν τὸ πρῶτον, ἔπειτα δὲ θάρσος ἀείρας
> τοίοισι προσέλεκτο παρηγορέων φρένα μύθοις·
> δεινὸς Ἔρως, καὶ πόντος ἀμείλιχος κτέ.

Oder hat gesehen, daſs M. hier das Ursprünglichere bietet. Denn um den Lichtschein von ferne zu erblicken, bedurfte es einer finstern (238) und stürmischen Nacht, und der hohe Seegang war nötig, um den Mut des kühnen Schwimmers dem Leser vor Augen zu führen. So wichtig und richtig dies ist, so sind wir doch nicht genötigt, an eine andere von M. benützte Darstellung zu denken. Vielmehr hat er seine Vorlage, aus der er wie O. den soeben angeführten Gedanken entnahm, in diesem Punkte zu verbessern gesucht, und zwar hierin in zutreffender Weise, während ihm ein anderer Verschönerungsversuch miſslungen ist. L. 57 erzählt, wie Leander seine Kleider am Strande zurückläſst: das stimmt zu dem pompejanischen Bilde im Hause der Vettier.[1) Anders M. 251:

> μελέων ἐρατῶν ἀπεδύσατο πέπλα
> ἀμφοτέραις παλάμῃσιν, ἐῷ δ' ἔσφιγξε καρήνῳ.

Auch hier hat Oder das Richtige getroffen, wenn er diese eigene Erfindung des M. als ein Produkt der Prüderie und der Klügelei bezeichnet. Der Prüderie, denn Leander darf doch nicht nackt vor

---

1) Vgl. Mau a. a. O.: *Nel bel mezzo Leandro, la testa cinta d'una corona di fogli giallastre, nuota v. d. stendendo aranti il braccio sin. A d. Ero in vesta gialla, la lucerna nella destra sta affacciata alla finestra fatta a volta della torre, che tonda s'erge sopra una base quadrata a quattro gradini, dal secondo de quali un ponticello conduce ad uno scoglio. A sin. il servo di Leandro è seduto sopra uno scoglio; guarda verso gli amanti, alzando nella stessa direzione la sin., mentre la destra è appoggiata sulla lanterna (?); a sin. di questa giacino sullo stesso scoglio i vestiti di Leandro. Nel mare, sopra Leandro, tre delfini; nello sfondo, appena accennato un portico.*

das Mädchen treten; der Klügelei, denn was soll er in dem Turme, wo doch keine Männerkleidung vorhanden ist, anziehen? Übrigens läfst M. diesen selbsterfundenen Zug nachher (260 f.) ganz fallen. Wie anders O. L. 103:

> *eque luis demptos umeris mihi tradis amictus*
> *et madidam siccas aequoris imbre comam*

und H. 31:

> *quid referam, quotiens dem vestibus oscula, quas tu*
> *Hellespontiaca ponis iturus aqua?*

Vielleicht war Vorbild für den griechischen Spätling eine von Schwabe angeführte Stelle in der Odyssee ξ 349. Odysseus erzählt dem Eumaios sein angebliches Abenteuer auf dem thesprotischen Schiff; die Männer hätten ihn gefesselt und seien dann ans Land gegangen: αὐτὰρ ἐμοὶ δεσμὸν μὲν ἀνέγναμψαν θεοὶ αὐτοί ῥηιδίως· κεφαλῇ δὲ κατὰ ῥάκος ἀμφικαλύψας ξεστὸν ἐφόλκαιον καταβὰς ἐπέλασσα θαλάσσῃ στῆθος, ἔπειτα δὲ χερσὶ διήρεσα ἀμφοτέρῃσιν νηχόμενος.

Beiläufig bemerkt, zu M. stimmt ein allerdings durch die lokalen Verhältnisse begründeter Zug aus der aargauer Sage vom Schwimmer Willi zu Meisterschwanden (Rochholz *Schweizer Sagen aus dem Aargau* I 33): *Zu der Zeit hatte Willi jenseits schon die Kleider auf den Rücken gebunden und sich den wohlbekannten ruhigen Wogen wieder anvertraut.* —

Nicht übel geraten ist die folgende Schilderung 260 ff.:

260   καί μιν ἑὸν ποτὶ πύργον ἀνήγαγεν· ἐκ δὲ θυράων
       νυμφίον ἀσθμαίνοντα περιπτύξασα σιωπῇ,
       ἀφροκόμους ῥαθάμιγγας ἔτι στάζοντα θαλάσσης
       ἤγαγε νυμφοκόμοιο μυχοὺς ἔπι παρθενεῶνος
       καὶ χρόα πάντα κάθηρε, δέμας δ' ἔχρισεν ἐλαίῳ
265   εὐόδμῳ ῥοδέῳ καὶ ἀλίπνοον ἔσβεσεν ὀδμήν.
       εἰσέτι δ' ἀσθμαίνοντα βαθυστρώτων ἐπὶ λέκτρων
       νυμφίον ἀμφιχυθεῖσα φιλήνορας ἴαχε μύθους·
       'νυμφίε, πολλὰ μόγησας, ἃ μὴ πάθε νυμφίος ἄλλος,
       νυμφίε, πολλὰ μόγησας, ἅλις νύ τοι ἁλμυρὸν ὕδωρ,
270   ὀδμὴ δ' ἰχθυόεσσα βαρυγδούποιο θαλάσσης·
       δεῦρο, τεοὺς ἱδρῶτας ἐμοῖς ἐνικάτθεο κόλποις.'

Trotz der üblichen aus Nonnus entlehnten Phrasen klingt ein herzlicher Ton heraus, der vielleicht auf Rechnung des alexandrinischen Originals zu setzen ist. Ja, man möchte beinahe die Frage aufwerfen, ob nicht auf die wiederholte Anrede an den νυμφίος ein aus der Phyllis des Kallimachos übrig gebliebenes Bruchstück (505) νυφίε Δημοφόων, ἄδικε ξένε eingewirkt hat. Nur im allgemeinen stimmt die kürzere Schilderung L. 197 ff.:

und H. 59 ff.:

> *te tua vix prohibet nutrix descendere in altum*
>
> *.   .   .*
>
> *nec tamen effecit, quamvis retinebat euntem,*
> *ne fieret prima pes tuus udus aqua.*
> *excipis amplexu feliciaque oscula iungis,*
> *oscula, di magni! trans mare digna peti,*
> *eque tuis demptos umeris mihi tradis amictus etc.*

> *nam modo te videor prope iam spectare natantem,*
> *bracchia nunc umeris umida ferre meis,*
> *nunc dare, quae soleo, madidis velamina membris,*
> *pectora nunc nostro iuncta fovere sinu.*

Aber M. verschweigt den reizenden Zug, daſs die ungeduldige Hero voranläuft, um den Geliebten zu empfangen, wobei die Wellen ihren Fuſs benetzen. Er kehrt bei Ovid im Briefe der Phyllis 127 wieder:

> *in freta procurro vix me retinentibus undis,*
> *mobile qua primas porrigit aequor aquas*

und geht hier höchst wahrscheinlich auf Kallimachos zurück (*Anal. Alex. Rom.* p. 33, Kiefsling zu Horat. carm. IV 5, 9). Also hat der Verfasser des Leanderbriefes diese Einzelheit entweder aus Ovid entlehnt oder aus seiner Vorlage herübergenommen; ich neige mich der zweiten Annahme zu.

Ein wirksames Gegenstück zu dem nächtlichen Schwimmer bildet das sehnende Mädchen im einsamen Turme H. 19 ff.:

> *Aut ego cum cana*[1]*) de te nutrice susurro,*
> *quaeque tuum miror causa moretur.iter,*   20
> *aut mare prospiciens odioso concita vento*
> *corripio verbis aequora paene tuis,*
> *aut ubi saeviliae paulum gravis unda remisit,*
> *posse quidem, sed te nolle venire queror,*
> *dumque queror, lacrimae per amantia lumina manant,*   25
> *pollice quas tremulo conscia siccat anus.*
> *saepe tui specto si sint in litore passus,*
> *inpositas tamquam servet harena notas,*
>
> *.   .   .*
>
> *quid referam, quotiens dem vestibus oscula, quas tu*   31
> *Hellesponliaca ponis iturus aqua?*
> *Sic ubi lux acta est et noctis amicior hora*
> *exhibuit pulso sidera clara die,*
> *protinus in summo vigilantia lumina tecto*   35
> *ponimus, adsuetae signa notamque viae,*

---

1) So Dilthey a. a. O. p. 9 für *cara*.

tortaque versato ducentes stamina fuso
femineas tardas fallimus arte moras.
quid loquar interea tam longo tempore, quaeris:
40   *nil nisi Leandri nomen in ore meo est.*
'iamne putas exisse domo mea gandia, nutrix,
an vigilant omnes et timet ille suos?
iamne suas umeris illum deponere vestes,
Pallade iam pingui tinguere membra putas?'
45   *adnuit illa fere, non nostra quod oscula curet,*
sed movet obrepens somnus anile caput.
postque morae minimum 'iam certe navigat' inquam
'lentaque dimotis bracchia iactat aquis'
paucaque cum tacta perfeci stamina terra,
50   *an medio possis, quaerimus, esse freto,*
et modo prospicimus, timida modo voce precamur,
ut tibi det faciles utilis aura vias;
auribus incertas voces captamus et omnem
adventus strepitum credimus esse tui.
55   *sic ubi deceptae pars est mihi maxima noctis*
acta, subit furtim lumina fessa sopor.
forsitan invitus, mecum tamen, inprobe dormis,
et quanquam non vis ipse venire, venis.
nam modo te videor prope iam spectare natantem,
60   *bracchia nunc umeris umida ferre meis,*
nunc dare, quae soleo, madidis velamina membris,
pectora nunc nostro iuncta fovere sinu
multaque praeterea linguae reticenda modestae,
quae fecisse iuvat, facta referre pudet.
65   *me miseram! brevis est haec et non vera voluptas;*
nam tu cum somno semper abire soles.

Auch diese liebliche Schilderung dürfen wir wohl mit Dilthey
im wesentlichen auf das Original zurückführen, obwohl M. sie
gänzlich unterdrückt hat.   Nun gewinnt aber die Klage der Einsamen dadurch noch ein gröfseres Interesse, als sie in einen besonderen Gegensatz gebracht H. 7 ff. in folgender Gestalt erscheint:

ut corpus, teneris ita mens infirma puellis

.   .   .

vos modo venando, modo rus geniale colendo
ponitis in varia tempora longa mora;
aut fora vos retinent aut unctae dona palaestrae,
flectitis aut freno colla sequacis equi;
nunc volucrem laqueo, nunc piscem ducitis hamo,
diluitur posito serior hora mero.
his mihi summotae, vel si minus acriter urar,
quod faciam, superest praeter amare nihil —

ein Gegensatz, der noch bei Agathias Anth. Pal. V 297 wiederkehrt:

> ἠιθέοις οὐκ ἔστι τόσος πόνος, ὁππόσος ἡμῖν
> ταῖς ἀπαλοψύχαις ἔχραε θηλυτέραις.
>
> τοῖς μὲν γὰρ παρέασιν ὁμήλικες, οἷς τὰ μερίμνης
> ἄλγεα μυθεῦνται φθέγματι θαρσαλέῳ,
> παίγνια τ᾽ ἀμφιέπουσι παρήγορα καὶ κατ᾽ ἀγυιὰς
> πλάζονται γραφίδων χρώμασι † ῥεμβόμενοι·
> ἡμῖν δ᾽ οὐδὲ φάος λεύσσειν θέμις, ἀλλὰ μελάθροις
> κρυπτόμεθα ζοφεραῖς φροντίσι τηκόμεναι.

Dieses Epigramm ist recht merkwürdig, da es aufser dem gleich zu
erwähnenden V 263 und einem des Paulus Silentiarius wohl das
letzte Gedicht in der sinkenden griechischen Litteratur ist, in dem
ein liebendes Mädchen redend eingeführt wird. Das erste Auftauchen dieses Motivs in der aiolischen Dichtung und seine Wand-
lungen im Laufe der Jahrhunderte hat Wilamowitz in 'des Mädchens Klage' (S. 225) treffend dargelegt; den von ihm angeführten
Stellen treten diese letzten Ausläufer ergänzend zur Seite. Es gilt
nun zunächst das Epigramm des Agathias in den Zusammenhang
einzureihen, und da ist der Anklang des dritten Verses an M. 191:

> οὐδέ μοι ἐγγὺς ἔασιν ὁμήλικες οὐδὲ χορεῖαι
> ἠιθέων παρέασιν

nicht ohne Bedeutung. Wenn wir nun im Laufe der Untersuchung
finden werden, dafs Agathias in einem andern Epigramme ausdrücklich auf die Sage Bezug nimmt, und zwar in einem bedeut-
samen Zuge, den er nicht bei M. gelesen hat, so liegt der Schlufs
auf Benützung des alexandrinischen Originals nahe genug. Bestätigend dazu tritt der ovidische Dichter: leider deutet der Byzan-
tiner die von diesem aufgezählten Vergnügungen der jungen Männer
nur flüchtig an (παίγνια δ᾽ ἀμφιέπουσι παρήγορα) und zerstört
durch eine Erfindung eigenen Kalibers den Reiz der Vorlage, die
der lateinische Nachahmer auch in diesem Falle getreuer wieder-
gegeben zu haben scheint. Ja, wir dürfen es wagen, durch den
Firnifs der Übermalung auf das noch in den äufsersten Umrissen
durchschimmernde Vorbild des Alexandriners rückwärts zu schliefsen.
Die auffällige Übereinstimmung mit Horat. carm. III 12 [1]) weist
allem Anschein nach auf Alkaios. Hier wie dort die Klage über
das gebundene Los der Jungfrau gegenüber dem ungebundenen
Leben des Jünglings, der im Wein die Sorgen ertränkt, in den
Künsten der Palaistra, des Reitens und Jagens geübt ist — alles
individualisierende und doch niemals sich völlig deckende Züge
bei beiden, die sich am leichtesten durch Nachbildung ein und

---

1) Bereits Rohde *Rom.* 69 A. 3 hat Horaz und Agathias verglichen
und das Epigramm des letzteren auf ein älteres Vorbild zurückgeführt.

desselben von Horaz und dem alexandrinischen Dichter gemeinsam benützten aiolischen Originals (Alkaiös Frg. 59) erklären lassen. Zu dieser Annahme stimmt Kallimachos Frg. 118, in dem der Dichter die Situation des trotz seiner Abgeschlossenheit bereits von der Liebe berührten Mädchens mit wenigen Strichen zeichnet[1]), ferner Frg. 67:

κουφοτέρως τότε φῶτα διαθλίβουσιν ἀνῖαι,
ἐκ δὲ τριηκόντων μοῖραν ἀφεῖλε μίαν,
ἢ φίλον ἢ ὅτ' ἐς ἄνδρα συνέμπορον ἢ ὅτε κούφαις
ἄλγεα μαψαύραις ἔσχατον ἐξερέῃ,

das sich wieder mit Agathias V. 3. 4 auffallend nahe berührt. Ich möchte trotzdem nicht die schönen von Dilthey der Kydippe zugewiesenen Verse aus dieser Elegie entfernen und der Hero in den Mund legen, sondern nur auf eine gewisse Ähnlichkeit der Situation hinweisen: wie Akontios nach Ausweis der Paraphrase Aristainets sich in langen Liebesklagen erschöpft, so dürfte es auch Hero an solchen nicht haben fehlen lassen. Ist diese Vermutung richtig, so hilft sie uns dazu, eine merkwürdige, neuerdings mit verkehrtem Scharfsinn behandelte Notiz Frontos Epist. III 13 (p. 51 Nab.) an rechter Stelle einzureihen: *unde displicet mihi fabula histrionibus celebrata, ubi amans amantem puella iuvenem nocte lumine accenso stans in turri natantem in mare⟨i⟩ opponitur. nam ego potius te caruero, tametsi amore tuo ardeo, potius quam te ad hoc noctis natare tantum profundi patiar.* ** *ne luna occidat, ne ventus lucernam interemat, nequid ⟨t⟩ibi e frigore impliciscat, ne fluctus, ne vadus, ne piscis aliqua ** noxsit. haec oratio amantibus decuit, et melior et salubrior fuit non alieno capitali periculo sectari voluptatis usuram brevem ac paenitendam.*[2]) Nach dem Vorgange C. F. W. Müllers, der zuerst hier die Sprache des Dramas witterte, hat Ehrenthal (*quaestiones Frontonianae*, Diss. Königsberg 1881, p. 48—54) eine Anzahl Verse aus einer angeblichen Tragödie *Accii fere temporibus* wiederherzustellen versucht; diese soll ihrerseits auf ein griechisches Stück zurückgehen, das Quelle für O. und M. gewesen sei. Dieser von A. Ludwich, wie es scheint, gebilligten Hypothese (Fleckeis. *Jahrb.* 1886, 248) wird durch die von Ehrenthal nicht beachtete richtige Interpungierung Ribbecks von vornherein der Boden entzogen.[3]) Aber schon die Annahme

---

1) 'Η παῖς ἡ κατάκλειστος,
τὴν οἵ φασι τεκόντες
εὐναίους δαρισμούς
ἴχθειν ἴσον ὀλέθρῳ.

2) Text und Interpunktion nach Ribbeck FTR. p. LXX, der die Verbesserungen C. F. W. Müllers Fleckeis. *Jahrb.* XCIII 487 aufgenommen hat. Wohl mit Recht streicht R. Novak *Wien. Stud.* XIX 246 das zweite *potius*.

3) Mit Recht bemerkt dieser: — *talem in fabula orationem non habitum esse — expressis verbis testatur Fronto.*

einer antiken Tragödie ῾Ηρὼ ἢ Λέανδρος ist unhaltbar: man versuche doch auf Grund unseres Materials eine solche zu rekonstruieren. Wie sehr hat Grillparzer, der den Musaeus notorisch stark benützt hat (Jellinek S. 91 f.), die alten einfachen Züge der Sage umbilden müssen, um eine dramatische Verwicklung zu schaffen, und wie sehr leidet das Stück unter dem Mangel einer wirklichen Peripetie! Offenbar hatte Fronto einen Pantomimus vor Augen (was übrigens Ehrenthal p. 52 nicht ganz abweist), der in der Kaiserzeit ungemein beliebt war [1]) und dessen Textbücher keineswegs ausschliefslich auf Tragödienstoffe zurückgingen.

Nur kurz währt die Freude der Liebenden:

Und so flohen dreifsig Sonnen
schnell im Raub verstohlner Wonnen
dem beglückten Paar dahin,
wie der Brautnacht süfse Freuden,
die die Götter selbst beneiden,
ewig jung und ewig schön —

eine freie Wiedergabe von M. 289 ff. Der Herbst mit seinen Stürmen naht: M. 293 ff., H. 183 f. und besonders L. 187:

aestas adhuc tamen est. quid cum mihi laeserit aequor
Plias et Arctophylax Olcniumque pecus?

Die astronomische Gelehrsamkeit könnte den Gedanken an Kallimachos nahelegen, vgl. Arat. 163:

Αἲξ ἱερή, τὴν μέν τε λόγος Διὶ μαζὸν ἐπισχεῖν,
ὠλενίην δέ μιν Αἶγα Διὸς καλέουσ᾽ ὑποφῆται,

aber die gelehrte, von Arat verschiedene Ableitung schmeckt doch sehr nach einem späteren Grammatiker (Apollodor? vgl. Strab. VIII 387), dessen Angabe der Dichter des Briefes sehr wohl aus einer kommentierten Aratausgabe (vgl. die Schol. z. d. St.) entnehmen konnte.

Es folgte wieder eine Glanzstelle des alexandrinischen Gedichtes, die Schilderung des verhängnisvollen Sturmes. Ohne Nennung der Namen, aber für jeden antiken Leser, der das Original kannte, deutlich genug steht sie bei Vergil. Georg. III 258 ff.:

quid iuvenis, magnum cui versat in ossibus ignem
durus Amor?[2]*) nempe abruptis turbata procellis*
nocte natat caeca serus freta; quem super ingens
porta tonat caeli et scopulis inlisa reclamant
aequora, nec miseri possunt revocare parentes
nec moritura super crudeli funere virgo.

1) Vgl. Friedländer *Röm. Sittengesch.* II³ 431 ff.
2) Das ist der δεινὸς ῎Ερως M. 245.

5*

Sehr ähnlich zeichnet M. 309 ff. die Situation:

Νὺξ ἦν εὖτε μάλιστα βαρυπνείοντες ἄηται
310　　χειμερίαις πνοιῇσι ἀκοντίζοντες † ἀήτας[1])
ἀθρόον ἐμπίπτουσιν ἐπὶ ῥηγμῖνι θαλάσσης.
καὶ τότε δὴ Λείανδρος ἐθήμονος ἐλπίδι νύμφης
δυσκελάδων πεφόρητο θαλασσαίων ἐπὶ νώτων.
ἤδη κύματι κῦμα κυλίνδετο, σύγχυτο δ᾽ ὕδωρ.
315　　αἰθέρι μίσγετο πόντος· ἀνέγρετο παντόθεν ἠχὼ
μαρναμένων ἀνέμων· Ζεφύρῳ δ᾽ ἀντέπνεεν Εὖρος,
καὶ Νότος εἰς Βορέην μεγάλας ἀφέηκεν ἀπειλάς·
καὶ κτύπος ἦν ἀλίαστος ἐρισμαράγοιο θαλάσσης.
αἰνοπαθὴς δὲ Λέανδρος ἀκηλήτοις ἐνὶ δίναις
320　　πολλάκι μὲν λιτάνευε θαλασσαίην Ἀφροδίτην,
πολλάκι δ᾽ αὐτὸν ἄνακτα Ποσειδάωνα θαλάσσης,
.　.　.　.　.　.　.　.　.　.　.　.
Ἀτθίδος οὐ Βορέην ἀμνήμονα κάλλιπε νύμφης·
ἀλλά οἱ οὔτις ἄρηγεν, Ἔρως δ᾽ οὐκ ἤρκεσε Μοίρας.

Während dessen erschrecken schlimme Vorzeichen die bangende
Hero in ihrem Turm. Das wird angedeutet in einem Epigramme
des Agathias Anth. Pal. V 263 (vgl. Klemm p. 41):

μήποτε, λύχνε, μύκητα φέροις μηδ᾽ ὄμβρον ἐγείροις,
μὴ τὸν ἐμὸν παύσῃς νυμφίον ἐρχόμενον.
αἰεὶ σὺ φθονέεις τῇ Κύπριδι· καὶ γὰρ ὅτ᾽ Ἡρὼ
ἥρμοσε Λειάνδρῳ[2]) — θυμὲ τὸ λοιπὸν ἕα.

Wieder spricht hier ein liebendes Mädchen, welches auf Vorbedeutungen
achtet und auf das berühmte Paar anspielt. Daraus folgt, dafs
in einer dem Agathias bekannten Bearbeitung der Sage ausdrücklich die regenverkündende Lichtschnuppe erwähnt war. Es ist
wohl die letzte Spur des erschlossenen alexandrinischen Gedichts[3]),

---

1) ἀπειλάς ci. Graefe. Vielleicht ist der Vers interpoliert.
2) Richtig erklärt von Stadtmüller: Subjekt zu ἥρμοσε ist Kypris.
3) Fälschlich denkt Christ Griech. Littcraturgesch. 657 ᵇ an eine An-
spielung auf das Epyll des Musaeus: bei diesem konnte aber Agathias
die eine ausführliche Schilderung deutlich verratenden Angaben über die
Wetterzeichen nicht finden. So darf denn auch wohl die bereits von Bernhardy angezogene Notiz (vgl. Merian-Genast 102) in dem Geschichtswerk
des Byzantiners hist. V 22: Σηστός γέ ἐστι πόλις ἡ περιλάλητος τῇ
ποιήσει καὶ ὀνομαστοτάτη οὐκ ἄλλου του ἕνεκα οἶμαι ἢ μόνον ἐπὶ
τῷ λύχνῳ τῆς Ἡροῦς ἐκείνης τῆς Σηστι⟨ά⟩δος καὶ τῷ Λειάνδρου ἔρωτι
καὶ θανάτῳ mit auf das alexandrinische Gedicht bezogen werden (vgl.
dazu die Bemerkung bei Pompon. Mela I 97: Abydos magni quondam
amoris commercio insignis est und II 26: est et Abydo obiacens Sestos,
Leandri amore pernobile). Andrerseits kennt Agathias das Epyll des
Musaeus (Merian-Genast a. a. O.), aus dem sein Freund Paulus Silentiarius in der Beschreibung der Sophienkirche einmal Versteile entlehnt hat. Sonstige Anspielungen auf die Sage bei diesem V 298, 7 und
V 232 (Ausführung eines kallimacheischen Gedankens: Epigr. 31 Wil.),

und sie führt wieder auf den Battiaden, der solche bedeutungs-
vollen omina als Kunstmittel zu verwenden liebt.[1]) Ganz ähnlich
hiefs es in der Hekale (Frg. 47):

> ὁππότε λύχνου
> δαιομένου πυρόεντος ἄδην ἐγένοντο μύκητες·

hier ist das schon dem Aristophanes (Vesp. 262) bekannte Wetterzeichen aus den Phainomena Arats (976 f.) entlehnt. Im Epigramm des Agathias ist die Anrufung der Lampe als eines 'Augen-
blicksgottes' (Usener *Götternamen* 291) bedeutsam, sie stimmt zu
dem Proömium des M. und läfst die Rolle, welche der λύχνος im
Original spielte, wenigstens einigermafsen erkennen. So ergänzt
die unscheinbare Notiz des Epigrammatikers in dankenswerter Weise
nicht nur die allgemeine Schilderung bei M., sondern erlaubt uns
auch in den Seelenzustand des Mädchens, wie er in dem alexandrinischen Gedichte dargestellt war, einen Blick zu thun.

Im Briefe der Hero fehlt dieser Zug: vielmehr tröstet sie
sich mit einem anderen Vorzeichen 150 f.:

> *sternuit et lumen (posito nam scribimus illo).*
> *sternuit et nobis prospera signa dedit.*
> *ecce merum nutrix faustos instillat in ignes*
> *'cras'que 'erimus plures' inquit et ipsa bibit.*

Aber mich dünkt, diese scheinbare Abweichung fügt sich sehr
wohl in den Gang der Erzählung. Unmittelbar nämlich an das
Prognostikon der Lichtschnuppen schliefst Arat folgendes 977 ff.:

> μηδ' ἦν ὑπὸ χείματος ὥρην
> λύχνων ἄλλοτε μέν τε φάος κατὰ κόσμον ὁρώῃ,
> ἄλλοτε δ' ἀίσσωσιν ἀπὸ φλόγες ἠύτε κοῦφαι
> πομφόλυγες [2]),

und das Knistern dieser abspringenden Funken galt als Liebes-
orakel: Marc. Argent. Anth. Pal. VI 333:

> ἤδη, φίλτατε λύχνε, τρὶς ἔπταρες· ἦ τάχα τερπνὴν
> εἰς θαλάμους ἥξειν Ἀντιγόνην προλέγεις [3]);

---

wo eine verliebte Frau redend eingeführt wird: ἐν δὲ Λειανδρείοις χεί-
λεσι πηγνυμένη κτέ., das möchte ich am liebsten auf das Original beziehen. Nach dem Gesagten berichtigt sich der Zweifel Diltheys *Cyd.*
101 *A.*, ob man im 6. Jh. aufser den Epigrammen und Hymnen noch
andere Gedichte des Battiaden besessen habe. Vgl. auch Reitzenstein
Herm. XXVI 308.

1) Vgl. Dilthey *Cyd.* 53.
2) Vgl. Pseudo-Theophr. περὶ σημείων 14; Verg. Georg. I 392.
3) Am meisten stimmt dazu der norwegische Aberglaube, Liebrecht
Zur Volkskunde 328 Nr. 131: *Knistert das Feuer im Ofen, so sind bald
Freunde zu erwarten* (vgl. noch Grimm *Deutsche Mythol.*[1] Aberglaube
CV Nr. 889). Ein wenig anders deutet man die hellen μύκητες im Licht:

Beides wird also im Original verbunden gewesen sein, wie auch
den wechselnden Empfindungen des liebenden Mädchens im Beisein
der getreuen Amme wohl ein breiter Raum gegeben war. M., dessen
Text an dieser Stelle allerdings lückenhaft ist, läfst uns wie gewöhnlich im Stich, doch vermögen wir noch einiges zu ermitteln.
Der Gedanke H. 127:

> *non favet utcunque est teneris locus iste puellis:*
> *hac Helle periit, hac ego laedor aqua,*

der 161 ff. variiert wird, deckt sich auffallend mit Antipater von
Thessalonike Anth. Pal. IX 215:

> Ἀιεὶ θηλυτέρῃσιν ὕδωρ κακὸν Ἑλλήσποντος᾽,
> ξεῖνε· Κλεονίκης πεύθεο Δυρραχίδος.
> πλῶε γὰρ ἐς Σηστὸν μετὰ νυμφίον, ἐν δὲ μελαίνῃ
> φορτίδι τὴν Ἕλλης μοῖραν ἀπεπλάσατο.
> Ἡροῖ δειλαίη, σὺ μὲν ἀνέρα, Δηίμαχος δὲ
> νύμφην ἐν παύροις ὠλέσατε σταδίοις,

wie bereits von Anderen hervorgehoben ist. Zwar der Gedanke,
dafs der Hellespont den Frauen immer ein schlimmes Gewässer
gewesen, entscheidet allein nichts: erst die Verbindung mit dem
Geschicke Helles und Heros gestattet den Rückschlufs auf die gemeinsame Quelle, aus der ich den in Anführungsstriche gesetzten
Anfang des Epigramms mir direkt entlehnt denke. Dazu kommt
in demselben Zusammenhange der Katalog der von Poseidon geliebten Heroinen 129 ff.:

> *At tibi flammarum memori, Neptune, tuarum*
> *nullus erat ventis inpediendus amor,*
> *si neque Amymone nec laudatissima forma*
> *criminis est Tyro fabula vana tui,*
> *lucidaque Alcyone Calyceque Hecataeone nata*
> *et nondum nexis angue Medusa comis*
> *flavaque Laodice caeloque recepta Celaeno*
> *et quarum memini nomina lecta mihi,*

welcher zu einigem Verweilen nötigt. Es sind zum Teil bekannte
Sagengestalten.· So Amymone (Apollod. II 14 Wagn. Hygin. fab. 169
[zwei Versionen]), die Äschylos in einem Satyrdrama auf die Bühne
gebracht hat.[1]) Es scheint aber, dafs eine 'alexandrinische', aus

---

Wuttke *Deutscher Volksaberglaube* § 296' und Liebrecht 330 Nr. 150:
Eine Rose im Licht nennt man 'Brief im Licht' (Brev i Lyset), weil
sie für den, dem sie zugekehrt ist, baldige Ankunft eines Briefes bedeutet.
— *In China bedeutet eine Rose im Licht, dafs man einen Abwesenden*
bald wiedersehen werde. Schon J. H. Vofs zu Verg. Georg. I 390 und
Naeke *opusc.* II 246 haben darauf hingewiesen. [Vgl. Bartsch *Sagen,*
Märchen und Gebräuche aus Meklenburg II 181.]

1) Die Worte Poseidons an das Mädchen σοὶ μὲν γαμεῖσθαι μόρ-
σιμον, γαμεῖν δ' ἐμοὶ (Frg. 13) lassen den Geist des Stückes wenigstens

Lukian. dial. mar. 6 und Philostrat. imag. I 8 zu erschliefsende
Fassung der Sage recht verbreitet gewesen ist: auf diese geht
wohl auch Propert. III 22, 25 zurück:

> Sed non Neptunus tanto crudelis amori,
> Neptunus fratri par in amore Iovi.
> testis Amymone, latices cum ferret, in Argis
> conpressa et Lernae pulsa tridente palus.
> iam deus amplexu votum persolvit, at illi
> aurea divinas urna profudit aquas.

Tyro, von Poseidon in Gestalt des Flufsgottes Enipeus verführt,
erscheint schon λ 235—259, als Typus der Schönheit β 179.
Lucida Alcyone geht auf die Erhebung unter die Sterne, eine Ehre,
die sie mit *caelo recepta Celaeno* teilt; für die Verbindung Poseidons
mit der A. zeugt bereits die Darstellung am Thronsitze des amy-
kläischen Apollon (Pausan. III 18, 10); beide Atlantiden als Geliebte des Poseidon verband schon Hellanikos (Schol. Σ 486, Robert
Eratosth. 43, vgl. Apollod. III 111), an den Himmel versetzt sie
als Plejaden mit fünf anderen Schwestern der unbekannte Dichter
bei Schol. Pind. Nem. II 17 und Arat 261 (vgl. Ovid. fast. IV
169 ff., Robert *Eratosth.* 134 f.). —Bedeutend seltener werden die
folgenden erwähnt: *Calyce Hecataeone nata* verdankt ihren Vater bei
Pseudoovid erst dem Nic. Heinsius, der den schwerverderbten Namen
nach Hygin. fab. 157 (Verzeichnis der Söhne Poseidons): *Cycnus
ex Calyce Hecat⟨ae⟩onis filia* hergestellt hat[1]); als Mutter des
Kyknos kennt sie auch Schol. Pind. Olymp. II 147 B.: ἄλλοι δὲ
Καλυκίαν φασί.[2]) Durch eine merkwürdige genealogische Schiebung
wird sie Schol. BT zu A 38 zur zweiten Frau des Kyknos und
spielt Tennes gegenüber die Rolle der verläumderischen Stiefmutter,
die sonst Phylonome oder Polyboia heifst. Endlich kommt Καλύκα
als Nereidenname auf einer Münchener Vase vor (O. Jahn *Kat.*
II 96 Nr. 331). — Eine Tochter des poseidonischen Heros Kyknos
ist *Laodike. A* 137 droht Agamemnon dem Achilleus

> ἐγὼ δέ κεν αὐτὸς ἕλωμαι
> ἢ τεὶν ἢ Αἴαντος ἰὼν γέρας ἢ Ὀδυσῆος,

wozu die Schol. BT bemerken Ὀδυσσέως δὲ γέρας Λαοδίκη ἡ Κύκνου
(vgl. Cramer An. Par. III 125): daher erklärt sich die *flava Laodice*

ahnen. Von der Beliebtheit der Sage legen auch die zahlreichen bildlichen Darstellungen (Overbeck *Kunstmythologie, Poseidon* 350 ff.) Zeugnis ab.

  1) Ihren Namen hat Heinsius unzweifelhaft richtig Schol. Theokr.
16, 49: Κύκνον φησὶ τὸν Ποσειδῶνος καὶ Καλύκης (cod. *Κάϋκος*) wiederhergestellt, was Engelmann Roscher *Lex.* II 1696 übersehen hat. Vielleicht ist die überlieferte Namensform des Vaters bei Hygin zu halten.
  2) In einem stark gekürzten Scholion T zu B 104 erscheint sie als
Mutter des poseidonischen Heros Pelops von Hermes.

als Geliebte Poseidons.[1]) Die Schäferstunde Poseidons mit Medusa
ἐν μαλακῷ λειμῶνι καὶ ἄνθεσιν εἰαρινοῖσι kennt bereits Hesiod.
Theog. 279, aber hier ist diese noch als Ungeheuer gedacht, während die Andeutung im Briefe Heros *nondum nexis angue comis*
offenbar auf die von Ovid. Met. IV 794 erzählte Version geht:

> *clarissima forma*
> *multorumque fuit spes invidiosa procorum*
> *illa, nec in tota conspectior ulla capillis*
> *pars erat. —*
> *hanc pelagi rector templo vitiasse Minervae*
> *dicitur. aversa est et castos aegide vultus*
> *nata Iovis texit, neve hoc inpune fuisset,*
> *Gorgoneum crinem turpes mutavit in hydros.*[2])

Diese gelehrte Abschweifung in dem Briefe ist recht interessant. Sie berührt sich nahe mit den Verzeichnissen der Götterliebschaften, die Wilamowitz *commentariolum grammaticum* II 12
(Greifswalder Lektionsverz. 1880) behandelt hat. Aus Clemens
Alexandrinus mit seinen Ausschreibern Arnobius und Firmicus Maternus, sowie aus den Homilien des römischen Clemens lassen sie
sich leicht zusammenstellen; hier stehe zum Vergleich die einschlägige Partie aus Clemens Alex. protr. 2, 32 (= Arnob. adv.
gent. IV 26, Firmic. Matern. de errore prof. relig. 12): κάλει μοι
τὸν Ποσειδῶ καὶ τὸν χορὸν τὸν διεφθαρμένον ὑπ' αὐτοῦ, τὴν Ἀμφι
τρίτην (!), τὴν Ἀμυμώνην, τὴν Ἀλόπην, τὴν Μελανίππην, τὴν
Ἀλκυόνην, τὴν Ἱπποθόην, τὴν Χιόνην, τὰς ἄλλας τὰς μυρίας. —
Wieder anders ist die Reihe der vom Gotte in mannigfachen Verwandlungen berückten Frauen bei Ovid. Met. VI 115—120 und
endlich die zum Teil schwer verderbte Namenliste bei Hygin. fab.
157 (*Neptuni filii*). Dafs die bei den Kirchenvätern vorliegenden
Verzeichnisse auf griechische Dichter zurückgehen, ist von Wilamowitz a. a. O. vermutet worden; es liegt nahe, an die älteren
Alexandriner zu denken, die in der hesiodeischen Ehoienform ein
bequemes Kunstmittel sahen, die zahlreichen Liebschaften der einzelnen Götter vorzuführen.[3]) Auf solche beziehet sich das diese
Einlage im Herobriefe abschliefsende Distichon:

---

1) Noch sei bemerkt, dafs die dem poseidonischen Kreise angehörige Penelope eine Schwester gleichen Namens hat: Schol. α 477, die
Schol. δ 797 Λαοδάμεια heifst.

2) Etwas anders gewandt beim Scholiasten zu Verg. Aen. VI 289:
*sed Medusa erecta farore Neptuni ausa est crines suos Minervae
capillis praeferre, quare indignata dea crines eius inserpentes vertit.*
Noch anders Ovid Met. VI 119:

> *sensit volucrem crinita colubris*
> *mater equi volucris.*

3) Vgl. *Herm.* XVI 585.

has ccrte pluresque canunt, Neptune, poetae
molle latus lateri composuisse tuo.

Einen Hinweis auf die unmittelbare Vorlage des lateinischen Nach-
ahmers darin zu erblicken, ist bare Thorheit, vielmehr wird sich
der hellenistische Dichter auf seine Vorgänger berufen haben.
Somit stände, wenn meine Annahme richtig ist, für diesen
κατάλογος τῶν ὑπὸ Ποσειδῶνος ἐρωμένων ein grofser Name zur Verfügung. Nicht im Widerspruch damit steht Leanders Anruf an
Poseidon bei M. 321, da uns nichts nötigt, die Liebschaften des
Meeresgottes mit eingeschlossen zu denken. Einen Zug scheint
der Epiker noch getreu bewahrt zu haben, wenn er den Jüngling
in der Not den Boreas anflehen läfst: Ἀτϑίδος οὐ Βορέην ἀμνήμονα κάλλιπε νύμφης, das stimmt auffällig zu L. 37 ff., wo die
Situation dem Zwecke des Briefschreibers entsprechend verändert ist:

> *at tu de rapidis immansuetissime ventis,*
>   *quid mecum certa proelia mente geris?*
> *in me, si nescis, Borea, non aequora, saevis;*
>   *quid faceres, esset ni tibi notus amor?*
> *tam gelidus quod sis, num te tamen, improbe, quondam*
>   *ignibus Actaeis incaluisse negas?*

Vortrefflich schliefst sich daran aus der angeführten properzischen
Elegie III 22, 31:

> *crudelem et Borean rapta Orithyia negavit:*
>   *hic deus et terras et maria alta domat,*

und da wir bereits an einer anderen Stelle dieses Gedichtes eine
auffallende Übereinstimmung mit dem Briefe Heros aufzuweisen
im stande waren, so darf nunmehr wohl das Ganze als eine freie
Nachbildung der auch von M. und O. benützten Quelle bezeichnet
werden.[1]) Properz hat sich selbst in die Lage des schwimmenden
Leander versetzt. Vielleicht ist vom Original sogar noch eine
schwache Spur anderswo erhalten. Ich möchte nämlich mit aller
Reserve ein bei Suidas erhaltenes anonymes, aber bereits von Hecker
(*Comment. Callim.* 111) dem Kallimachos zugewiesenes[2]) Dichter-
fragment (Frg. an. 12 Schn.):

> ʿγαμβρὸς Ἐρεχϑῆοςʾ· ὁ Βορρᾶς κτέ.

hierherziehen. Dafs es berühmt gewesen ist, beweisen die wiederholten Variationen des grofsen panopolitanischen Verskünstlers, der

---

1) Vgl. Mallet *quaestt. Propert.* (Götting. Diss. 1882) 26.
2) Das läfst sich jetzt nach dem S. 53 bemerkten mit gröfserer
Sicherheit bejahen. Wilamowitz (*Simonides der Epigrammatiker; Nachr.
der Gött. Gesellsch. der Wiss.* 1897, 324, 1) hält daran fest, dafs es in der
Hekale gestanden habe.

mit dem γαμβρὸς Ἐρεχϑῆος gerne spielt (*Dion.* II 688. XXXVII
640. XXXIX 112. 160. 174; vgl. I 134. XI 548 ∼ XLVII 378)
und der für M., wie gewöhnlich, auch hier das sprachliche Vorbild war. I 134 ruft die auf dem verkappten Stiere durchs Meer
getragene Europa:

> ναί, λίτομαι, Βορέης, ὡς ἥρπασας Ἀτϑίδα νύμφην,
> δέξο με σαῖς πτερύγεσσι μετάρσιον,

und XXXVII 640 fleht Erechtheus:

> γαμβρέ, τεῷ χραίσμησον Ἐρεχϑέι καὶ σέο νύμφῃ,
> εἰ μεϑέπεις γλυκὺν οἶστρον ἐμῆς ἔτι παιδὸς ἐρώτων,
> δός μοι σῶν πτερύγων βάλιον δρόμον.

Dieser wiederholte Wunsch scheint mir nicht bedeutungslos, da
sich Leander in seinem Briefe unmittelbar nach dem Anrufe
des Boreas ebenfalls Flügel wünscht 49 ff.:

> *nunc daret audaces utinam mihi Daedalus alas,*
> *Icarium quamvis hinc prope litus adest!*[1])
> *quidquid erit patiar, liceat modo corpus in auras*
> *tollere, quod dubia saepe pependit aqua.*

Vielleicht ist diese gleiche Gedankenverbindung noch ein Nach-
klang aus der Darstellung des Alexandriners, deren Umrisse bei
dem Mangel einer Kontrole durch O. nunmehr immer blasser und
undeutlicher bei M. werden. Nur ein paar Einzelheiten sind
einigermafsen kenntlich. Mit kurzen Strichen zeichnet M. 332 f.
die Stimmung Heros:

> ἤδη γὰρ φϑιμένοιο μόρον ϑέσπισσε Λεάνδρου
> εἰσέτι δηϑύνοντος, ἐπ' ἀγρύπνοισι δ' ὀπωπαῖς
> ἴστατο κυμαίνουσα πολυκλαύτοισι μερίμναις,

vgl. Stat. Theb. VI 524:

> *contra autem frustra sedet anxia turre suprema*
> *Sestias in speculis —*

das scheint gerade die Stimmung, welche ein schlimmes Traumgesicht erzeugt hat, H. 193 ff.:

> *nec minus hesternae confundor imagine noctis,*
> *quamvis est sacris illa piata meis.*
> *namque sub aurora, iam dormitante lucerna,*
> *somnia quo cerni tempore vera solent,*
> *stamina de digitis cecidere sopore remissis*
> *collaque pulvino nostra ferenda dedi.*

---

1) Den starken geographischen Schnitzer mufs man in den Kauf
nehmen.

*hic ego ventosas nantem delphina per undas
cernere non dubia sum mihi visa fide,
quem postquam b i b u l i s inlisit fluctus h a r e n i s,*[1]*)
unda simul miscrum vitaque deseruit.*

Dafs Träume gegen Morgen Wahres künden, ist eine volkstümliche Anschauung. Minder bekannt ist die Erscheinung des Delphins; über diese berichtet Artemidor. I 16 δελφὶς ἔξω θαλάσσης ὁρώμενος οὐκ ἀγαθός· τῶν γὰρ φιλτάτων τινὰ ἐπιδεῖν ἀποθανόντα σημαίνει. Ich stehe nicht an, auch diese Partie dem Originale zuzuschreiben.[2]) Was die Katastrophe betrifft, so sind wir fast allein auf die sehr knappe Erzählung des M. angewiesen 329 f.:

. καὶ δὴ λύχνον ἄπιστον ἀπέσβεσε πικρὸς ἀήτης
καὶ ψυχὴν καὶ ἔρωτα πολυτλήτοιο Λεάνδρου,

vgl. Stat. s. a. O. *moritur prope conscius ignis* (bei Vergil fehlt der Zug ganz); den προδότης λύχνος kennt Antipat. v. Thessalonike Angstvoll späht Hero aus:

πάντοθι δ' ὄμμα τίταινεν ἐπ' εὐρέα νῶτα θαλάσσης,
εἴ που ἐσαθρήσειεν ἀλωόμενον παρακοίτην
λύχνου σβεννυμένοιο,

da sieht sie an der Turmschwelle den herangespülten Leichnam des Geliebten:

παρὰ κρηπῖδα δὲ πύργου
δρυπτόμενον σπιλάδεσσιν ὅτ' ἔδρακε νεκρὸν ἀκοίτην,
δαιδάλεον ῥήξασα περὶ στήθεσσι χιτῶνα
ῥοιζηδὸν προκάρηνος ἀπ' ἠλιβάτου πέσε πύργου.

Es ist wohl kein Zufall, dafs selbst die dürftige Inhaltsangabe des alten Scholiasten zu Vergil. Georg. I 207 (vgl. Serv. zu III 258): *cuius cum cadaver exanime ad litus, in quo Hero de turre exspectare solebat, esset adpulsum, puella se praecipitavit in mare et ita vitam finivit* fast genau dazu stimmt. — Nun ist Leanders Wunsch L. 197 f.:

*optabo tamen, ut partis expellar in illas
et teneant portus naufraga membra tuos*

----

1) Vgl. dazu M. 298 ἤδη νῆα μέλαιναν ἐφίλκυσε διψάδι χέρσῳ, wo Schwabe die schon von Brunck vorgeschlagene Verbesserung für διχθάδι durch eine Reihe von Parallelstellen aus Nonnus stützt.
2) Ehwald a. a. O. S. 28 behauptet, dafs dieses Traumgesicht des schwimmenden Delphins bei Properz (III 21, 17) wiederkehre und folglich aus derselben Quelle stamme. Aber bei diesem wird ja Cynthia, die der Dichter im Traum als Schiffbrüchige erblickt, von einem herbeischwimmenden Delphin aufgenommen; das pafst also nicht.

erfüllt. Auch Heros Traumbild ist zur Wahrheit geworden, und so stürzt sie sich hinab und stirbt [1]):

καδ’ δ’ Ἡρὼ τέθνηκε σὺν ὀλλυμένῳ παρακοίτῃ
∼ moritura super crudeli funere virgo. —

Beider Geschick faßt Antipater in dem schon oben angeführten epideiktischen Epigramm Anth. Pal. VII 666 nicht ungeschickt zusammen, dessen Schlußvers:

κοινὸς δ’ ἀμφοτέρους ὅδ’ ἔχει τάφος, εἰσέτι καὶ νῦν
κείνῳ τῷ φθονερῷ μεμφομένους ἀνέμῳ,

an M. 27:

δίζεο δ’ ἀρχαίης ἁλιηχέα πορθμὸν Ἀβύδου
εἰσέτι που κλαίοντα μόρον καὶ ἔρωτα Λεάνδρου

wohl nicht zufällig anklingt.

Wir stehen am Ende der litterarhistorischen Untersuchung. Bei der eigentümlichen Beschaffenheit der Überlieferung war es nur möglich einzelne Teile des alexandrinischen Gedichtes wiederherzustellen, die den Reiz des Ganzen höchstens ahnen lassen und den Wunsch erwecken, daß der schier unerschöpfliche Boden Ägyptens, der uns ja ein bedeutsames Stück der Hekale neugeschenkt hat, auch dieses Werk wieder emporsteigen lasse. Ein solcher Fund würde gewiß viele Einzelheiten der vorstehenden Untersuchung berichtigen, aber in den Grundzügen würde sie, wie ich denke, bestehen bleiben. Es scheint, daß durch dieses Gedicht, das in der römischen und griechischen Litteratur so nachhaltige Spuren hinterlassen hat, Hero und Leander frühzeitig zum Typus eines Liebespaares geworden sind. Kundigere mögen der Frage nachgehen, wie sich dieser Typus in der occidentalen und orientalen Kunstdichtung des Mittelalters fortgepflanzt hat, hier soll nur ein übersehenes Zeugnis aus dem Altertum stehen. In der phantastischen, aber großartigen Weltschöpfungslehre der gnostischen Sekte der Peraten, von der Hippolytus refut. omn. haeres. V 14 einen leider allzu kurzen Bericht giebt, erscheint der orphische Eros mit seinen irdischen Abbildern: Δύναμις ἀρσενόθηλυς, ἀεὶ νηπιάζουσα, ἀγήρατος, αἰτία κάλλους, ἡδονῆς, ἀκμῆς, ὀρέξεως, ἐπιθυμίας, ὃν ἐκάλεσεν ἡ ἀγνωσία Ἔρωτα· οὗ κατ’ εἰκόνα ἐγένοντο Πάρις, Νάρκισσος, Γανυμήδης, Ἐνδυμίων, Τιθωνός, Ἰκάριος, Λήδα, Ἀμυμώνη, Θέτις, Ἑσπερίδες(?), Ἰάσων ⟨Μήδεια⟩, Λέανδρος Ἡρώ. [2])

---

1) Diese Scene stellt Rubens (Dresdener Bildergalerie 1002) auf seinem Bilde dar: Der tote Leander von Nereiden umgeben treibt auf den Wellen, Hero stürzt sich ins wildbewegte Meer. Am Himmel schwarze Wolken vom Blitze durchzuckt.
2) Die Anordnung ist ganz klar: zuerst die καλοί, dann die καλαί, zum Schluß die berühmtesten Liebespaare. Also wird hinter Ἰάσων (so

In der soeben gegebenen Darstellung tritt dem Leser ein empfindlicher Mangel entgegen; es fehlt eine ausreichende Begründung, warum Hero und Leander einander nicht heiraten dürfen. Der lateinische Bearbeiter scheint diesen Mangel empfunden zu haben, aber die von ihm angedeuteten Motive: das Widerstreben der Eltern des Jünglings (L. 14. H. 115), die Besorgnis der Jungfrau ihm nicht ebenbürtig zu sein (H. 99)¹), gehören, wie schon bemerkt, zu den bekannten τόποι der römischen Erotik und erweisen sich somit als eigene Erfindungen des Nachdichters. Auffallen muſs bei diesem ferner der einsame Turm, in dem Hero wie eine Märchenprinzessin mit der treuen Amme haust, ohne daſs ein Wort zur Erklärung dieses seltsamen Wohnsitzes verlautet. Hier redet der späte Epiker an zwei Stellen eine deutlichere Sprache, 30 ff.:

> Ἡρὼ μὲν χαρίεσσα διοτρεφὲς αἷμα λαχοῦσα
> Κύπριδος ἦν ἱέρεια, γάμων δ' ἀδίδακτος ἐοῦσα
> πύργον ἀπὸ προγόνων²) παρὰ γείτονι ναῖε θαλάσσῃ,
> ἄλλη Κύπρις ἄνασσα σαοφροσύνῃ τε καὶ αἰδοῖ.
> οὐδέ ποτ' ἀγρομένῃσι συνωμίλησε γυναιξὶν
> οὐδὲ χορὸν χαρίεντα μετήλυθε θηλυτεράων

und besonders 187 ff.:

> πύργος δ' ἀμφιβόητος ἐμὸς δόμος οὐρανομήκης,
> ᾧ ἐνὶ ναιετάουσα σὺν ἀμφιπόλῳ τινὶ μούνῃ
> Σηστιάδος πρὸ πόληος ὑπὲρ βαθυκύμονας ὄχθας
> γείτονα πόντον ἔχω στυγεραῖς βουλῇσι τοκήων.

Der Gegensatz zwischen der eifrigen Verehrung Aphrodites und ihres Sohnes, wie er in den an die zuerst ausgehobene Stelle

---

die Überlieferung, von Duncker unnötigerweise geändert) Μήδεια zu ergänzen sein. Die vorhergehende Partie (leider von Bernays in der epistula critica ad Bunsenium [jetzt *Ges. Abhdl.* II 300] nicht behandelt) enthält merkwürdige Angaben, so (p. 186, 32 D.) über den Hundsstern, das Sinnbild der Isis: οὐ κατ' εἰκόνα ἐγένοντο Πτολεμαῖος ὁ Ἀρσινόης [Euergetes], Διδύμη, Κλεοπάτρα, Ὀλυμπιάς. Hier ist Didyme offenbar die Mätresse des Philadelphos, die Ptolemaios Euergetes II mit besonderer Auszeichnung erwähnt (FHG. III 186 — Ath. XIII 576ᶜ: (πλείστας ἔσχεν ἐρωμένας)· Διδύμην μὲν μίαν τῶν ἐπιχωρίων γυναικῶν μάλ' εὐπρεπεστάτην τὴν ὄψιν), Kleopatra die Schwester Alexanders des Grofsen von der Olympias (Ath. XIII 557ᶜᵈ). Wenn also die Gnostiker auf die Familiengeschichte des alexandrinischen Königshauses zurückgriffen, ist es ein Wunder, daſs sie auch der alexandrinischen Poesie ihre Beachtung schenkten?

1) Dagegen spricht M. 125

μῆνιν ἐμῶν ἀλέεινε πολυκτεάνων γενετήρων,

und die bereits oben angeführte Stelle 177 f.

2) Die Stelle scheint verderbt und ist noch nicht geheilt. Weder Schwabes ἀποκρὺ δόμων noch Ludwichs ἀπὸ τριόδων (Fleckeis. *Jahrb.* 1876, 751) genügen.

sich unmittelbar anschliefsenden Versen ausgemalt wird, und des
eigenen liebeleeren Lebens der Priesterin ist viel zu pikant, als
dafs man ihn dem Spätling zutrauen möchte: also stand dieser
Zug wohl bereits im Original. Ebenso wohl auch eine Begründung
der von M. nicht erklärten στυγεραί βουλαί der Eltern Heros Und
wenn uns auch diese Motivierung verloren ist, so kann man doch
auf einem andern Wege zu ihr gelangen. Denn in ihrem Namen
bezeugt die Heldin der Sage ihren Ursprung, und wir erstaunen,
wenn wir hinter der lieblichen Mädchengestalt Heros die ernsten
und strengen Züge der erythräischen Sibylle Herophile auftauchen
sehen.[1]) Hero: Herophile = Demo: Demophile! Wirft diese Erkenntnis zunächst einen schwachen Lichtstrahl auf die wahre Natur
der eingeschlossenen Jungfrau, so erlaubt eine in doppelter Fassung
erhaltene Notiz einige weitere Schritte vorsichtig zu thun. Sie
steht bei Ampelius und Augustinus.

Ampel. lib. mem. 8, 16 W.:	August. de civ. dei XXI 6:
† *Argyro est fanum Veneris supra mare: ibi est lucerna supra candelabrum posita lucens sub divo [caelo], quam neque ventus exstinguit nec pluvia aspargit.*	*credite et vos quod in easdem litteras est relatum[2]), fuisse vel esse quoddam Veneris fanum atque ibi candelabrum et in eo lucernam sub divo sic ardentem, ut eam nulla tempestas, nullus imber exstingueret, unde sicut ille lapis ita ista (sic) λύχνος ἄσβεστος, id est lucerna inexstinguibilis nominata est.*
sed et Herculis aedes antiqua; ibi e columna pendet cavea ferrea rotunda, in qua conclusa Sibylla dicitur.	

Da jeder von beiden Schriftstellern ein Mehr bietet, so mufs
ihnen eine gemeinsame Quelle zu Grunde liegen, über die ich
an anderer Stelle handeln werde. Hier genügt es aus dem ver-
derbten *Argyro* die Lokalität zu ermitteln. Alle Ansprüche be-
friedigt E. Rohdes Verbesserung *Erythris.*[3]) Denn von der kumä-
ischen Sibylle, die bereits von Timaios offenbar nach alter Überlieferung mit der erythräischen Ursibylle identificiert worden ist,

---

1) Das hat m. W. zuerst Tümpel in Pauly-Wissowas *Real-Encycl.*
I 2746 ausgesprochen.
2) Gemeint ist ein Mirabilienbuch, aus dem bereits Kap. 5 Proben
mitgeteilt sind. Aus Augustinus schöpft Isidor. Orig. XVI 4, wie Rohde
Rh. Mus. XXXII 640 gesehen hat.
3) Rh. Mus. XXXII 639. Der Vorschlag von E. Maafs *de Sibyll
indic.* p. 80 *Erythre* scheint mir unnötig.

berichten dasselbe Apollinarios von Laodikeia (Cohort. ad Graecos p. 35°) sowie Trimalchio bei Petron. 48.[1]) Das Grab der Sibylle in Erythrai werden wir uns am Meere denken, da der vorher erwähnte Heraklestempel[2]) doch gewifs der berühmte auf dem Vorgebirge *Μεσάτη* ist, dessen Gründungslegende Pausan. VII 5, 3 erzählt. Dann lag wohl auch das Heiligtum der Aphrodite nicht weit davon ab: nur als Wahrzeichen der *Ἀφροδίτη Εὐπλοία*[3]) hat die ewige Lampe Sinn und Bedeutung.

Beides also, der Name der Sibylle in der hypokoristischen Form und die ewige Lampe Aphrodites, ist auf den einsamen Turm zu Sestos übertragen worden. Gerade dieser ist als Wohnsitz der Jungfrau bedeutungsvoll. Seherinnen pflegen in einem Turme zu hausen, so die germanische Veleda (Tac. hist. IV 65), so bereits Kassandra, und zwar gegen ihren Willen: *στυγεραῖς βουλῇσι τοκήων.* Das ist die Voraussetzung in der Alexandra Lykophrons, man möchte gern wissen, nach welchem Gewährsmann. Wie Hero bei M. ihrem drängenden Werber, so schildert bei Lykophron die Tochter des Priamos ihren freudlosen Kerker in den düstersten Farben.[4]) Endlich, im Schlufsabschnitt 1462 ff., steht der Vergleich:

---

1) Petron: *nam Sibyllam quidem Cumis ego ipse oculis meis vidi in ampulla pendere, et cum illi pueri dicerent: Σίβυλλα, τί θέλεις; respondebat illa: ἀποθανεῖν θέλω.* Die burleske Geschichte erläutert Diels *Sibyll. Blätter* 57 aus Timaios bei Pseudo-Aristot. mirab. ausc. p. 858a 5. Wie sich die Ansprüche der Erythraier mit den kumanischen abfanden, hat Maafs p. 37 A. 84 treffend auseinandergesetzt.

2) Der noch andere Raritäten aufwies: Plin. n. h. XI 111, Friedländer *Röm. Sittengesch.* II 167³.

3) Von dieser ist also zu scheiden die in Erythrai inschriftlich bezeugte *Ἀ. ἡ ἐν Ἐμβάτῳ*: Dittenberger *Syll.* 370, 40. Auf den oben genannten Tempel möcht ich eine von H. Schmidt für mich gütigst eingesehene erythräische Münzendarstellung (*Mionnet* III 131 Nr. 530 = *Cat. Brit. Mus. Coins. Ionia* pl. XVI 15 p. 144 Nr. 238) beziehen: Frauenkopf mit Turmkrone × *Wachtfeuer* (*instrument à manche figurant un réchaud, avec des flammes*, wozu Schmidt bemerkt: *es ist laternenartig, aber offen und mit offenem Feuer*). — Folgt Michelangelo antiker Tradition, wenn er die erythräische Sibylle seitwärts gewendet auf einem Mauervorsprunge darstellt, sinnenden Blickes in die Ferne schauend, während im Hintergrunde ein nackter Knabe eine Lampe anzündet?

4) Lykophr. 348 ff.:

> *ἐγὼ δὲ τλήμων ἡ γάμους ἀρνουμένη*
> *ἐν παρθένος λαῖνον τυπίσμασιν*
> *ἄνις τεράμνων εἰς ἀνόροφον στέγην*
> *εἰρκτῆς ἀλιβδύουσα λυγαίας δέμας,*
> *ἣ τὸν Θοραῖον Πτῶον Ὠρίτην θεὸν*
> *λίπτοντ' ἀλέκτρων ἐκβαλοῦσα δεμνίων*
> *ὡς δὴ κορείαν ἄφθιτον κεκαμένη*
> *πρὸς γῆρας ἄκρον Παλλάδος ζηλώμασιν.*

Dazu die Schol. und die Paraphrase: *Πρίαμος λίθινον οἶκον πυραμοειδῆ ἐποίησε καὶ ἐνέβαλεν αὐτὴν ὡς παρακύπτουσαν.* Ähnlich Tzetzes.

ἐν δὲ καρδίᾳ
σειρῆνος ἐστέναξε λοίσθιον μέλος,
Κλάρου Μιμαλλὼν ἢ Μελαγκραίρας κόπις
Νησοῦς θυγατρός . . .
ἑλικτὰ κωτίλλουσα δυσφράστως ἔπη.

Die dürftigen Angaben des Scholiasten (und Tzetzes) (*Μελάγκραιρα δὲ ἡ Σίβυλλα — Νησὼ δὲ ἡ μήτηρ Σιβύλλης*) erhalten erst durch drei Zeugen mehr Licht. Nach Arrian (Frg. 64) hat Dardanos die Töchter des Teukros, Neso und Bateia heimgeführt: *καὶ ἐκ μὲν τῆς Νησοῦς ἦν αὐτῷ θυγάτηρ Σίβυλλα ἡ μάντις*. Timaios bezeugt ausdrücklich den Beinamen *Μελάγκραιρα* für die erythräisch-kumäische Sibylle[1]), und endlich weifs der Gewährsmann des Suidas s. *Σίβυλλα Φρυγία*, dafs diese *ὑπό τινων* Kassandra genannt worden ist. Das Urbild der Sibylle steht uns in der Tochter des Priamos vor Augen, deren unselige Prophetengabe in ergreifenden Zügen der gröfste griechische Dichter zeichnet[2]), deren Prophezeiungen uns ein geschmackloser Verseschmied vorführt.[3]) Für diese Untersuchung bedeutet die sibyllinische Kassandra eine wichtige Etappe in der Troas auf dem Wege von Erythrai nach Sestos[4]), und da könnte der Name der einen Priamostochter Hero (Hygin. fab. 90) bedeutsam sein, wenn auf die Namen in den hyginischen Listen gröfserer Verlafs wäre. Aber auch ohne dieses Zeugnis erkennt man bald, dafs die Sibylle Hero-Herophile der einfachen hellespontischen Sage ursprünglich fremd ist. Das zeigt der Name ihres Partners, ein schlichter Mannesname, der zu einer mytholo-

---

1) J. Geffcken *Timaios Geogr. des Westens* 145. Die ebenfalls auf Timaios zurückgehende Geschichte bei Serv. Verg. Aen. VI 314: *Sibyllam Apollo pio amore dilexit et ei obtulit poscendi quod vellet arbitrium* u. s. w. scheint noch deutlich eine Korrektur der alten Sagenüberlieferung zu verraten, über welche die folgende Anm. zu vergleichen ist.

2) Die epische Form giebt Apollod. III 151 (abgekürzt), ausführlicher Serv. und Schol. Verg. Aen. II 247, wo namentlich der hochalter-tümliche Zug, dafs der Gott durch Speien in den Mund die Gabe der Weissagung entwertet, das Alter dieser Sagengestalt verbürgt. Auch Aeschyl. Ag. 1209—1212 kennt und befolgt diese Form der Sage, nur diesen einen Zug unterdrückt er. Vgl. Rohde *Psyche* 367 A. 1, wo zu dem Typus der ekstatischen Seherin, als welche Kassandra bei Eur. Iph. Aul. 756 ff. erscheint, die Sibylle bei Tibull. II 5, 66 hinzuzufügen ist.

3) Wohl nach den Kyprien: *καὶ Ἀφροδίτη Αἰνείαν αὐτῷ συμπλεῖν κελεύει· καὶ Κάσσανδρα περὶ τῶν μελλόντων προδηλοῖ* (Prokl.). Diese Situation hält Robert bei Maafs *Herm.* XVIII 327 für das Vorbild der Prophezeiungen der troischen Sibylle bei Tibull. II 5: eine Annahme, die durch das oben gesagte bestätigt wird.

4) Vielleicht läfst sich die Wanderung der Sage durch Beziehungen zwischen dem ionischen Erythrai und der aiolischen Kolonie Sestos erklären. Eine starke politische Genossenschaft *χίλλησος ὁ Ἐρυθραίων* safs in Methymna (CIG. 2168 b; *Bull. de corresp. hell.* IV 437 gegen Boeckh), vielleicht auch in Mitylene: Collitz 215 = Cauer *del.* 431².

gischen Deutung nicht den mindesten Anlafs bietet.[1]) Streichen
wir nun den in diese Sagenform hineingetragenen Namen des Mädchens, so kommen wir auf die altbekannte mit geringen Varianten
von Schweden bis Neuseeland verbreitete Liebesgeschichte, die im
deutschen Volksliede von den zwei Königskindern so wehmütig
wiederklingt.[2]) Die Schiffer auf dem Hellespont kannten τὸν τῆς
'Ηροῦς πύργον als altes Wahrzeichen, aber es ist fraglich, ob dieser
Name immer daran gehaftet hat oder erst später aus der littera-
risch berühmten Sage auf ihn übertragen wurde — sie kannten
aber auch einen Sestos gerade gegenüberliegenden Turm (Strab.
XIII 591, Horat. ep. I 3, 4), doch gewifs den Turm Leanders. 'Sie
konnten zusammen nicht kommen, das Wasser war viel zu tief',
das wird auch hier das Grundmotiv der alten Sage gewesen sein.[3])
Dann ist mit der ewigen Lampe der Aphrodite Euploia die Sibylle
von Erythrai nach Sestos gewandert; da mufste also eine An- und
Ausgleichung geschehen, und wozu konnte Hero sich besser eignen
als zur Dienerin der Göttin, die den Schiffern auf dem öden Meere
die freundliche Leuchte aussteckt?[4]) Die alte Sage kam dieser
Auffassung entgegen, und so ward nach dem 'verhafsten Rat-
schlufs' der Eltern die eingekerkerte Jungfrau zur Priesterin erhoben, γάμων ἀδίδακτος ἐοῦσα.[5]) Da die gottgeweihte Dienerin
nichts von der Liebe wissen darf, so tritt mit dem Erscheinen

---

1) Ich weifs nicht, ob Usener noch an seiner früheren Deutung
(*Rh. Mus.* XXIII 366 A. 123) festhält: *Der kühne Schwimmer ist Helios,
der am Abend πρὸς ζόφον durch den Ocean fährt, um zu dem geliebten
Weibe zu gelangen.* Tümpel (Pauly-Wissowa *Realenc.* I 2746 u. 2754)
folgt ihm und kommt zu weitgehenden Kombinationen, die ich mir
nicht aneignen kann. Ebensowenig kann ich E. Hoffmann *Rh. Mus.*
L 111 zustimmen, der 'Ηροφίλη als ἡρω-φίλη 'die Heroen-' oder 'Toten-
Sühnerin' erklärt; auf den Zusammenhang mit Hera weist Diels *Sibyll.
Blätt.* 53 hin.

2) Trägt die griechische Heldin διοτρεφὲς αἷμα λαχοῦσα (M. 30)
noch die Spur ihrer Abstammung?

3) Von den zahlreichen Sagen will ich nur die auffallende Übereinstimmung zeigende hinterpommersche von der Wallburg und Wart-
burg hervorheben: Knoop *Volkssagen aus Hinterpommern* Nr. 248 = Jahn
Volkssagen aus Pommern und Rügen Nr. 670.

4) Es soll Lessing unvergessen bleiben, dafs er dies zuerst erkannt
hat: *Sämmtl. Schriften* VIII 523—526 Lachm.

5) Einigermafsen vergleichen läfst sich die baierische Sage von
der Seherin Herluka am Würmsee. *Es heifst, mitten auf dem Wasser
habe sie öfter mit ihrem Freunde im Schiffe Zusammenkunft gehalten* (erinnert an den Wunsch Heros H. 167): *da brach ein Sturm los und die
Wellen tobten, beide zu verschlingen. Herluka begab sich ins Gebet, und
Gott begnadigte sie, dafs sie lebend ans Ufer kam, ihr Geliebter aber ward
in ⟨die⟩ Tiefe geschleudert. Ist das Wetter hell und der See spiegelt
klar, so sieht man die Gestalt noch leibhaft auf dem Grunde stehen* (Sepp
Altbayer. Sagenschatz 452 [München 1893], der leider seine Quelle nicht
genauer angiebt). Sie war eine Recluse, abgeschlossen in der Zelle zu
Epfach und erschien dem Volk wie ein höheres Wesen.

Leanders der Konflikt zwischen ihrer entsagungsvollen Pflicht und
ihrer glühenden Liebe zu dem Jüngling ein und führt zu dem
tragischen Ende beider.[1]) Das bei dem Griechen nicht motivierte
und nur dem blinden Zufall zugeschriebene Erlöschen der dem
kühnen Schwimmer winkenden Leuchte werden wir auf den Zorn der
verletzten Gottheit zurückführen müssen.[2]) Die ewige Lampe der
Göttin ward zu dem gebrechlichen Werkzeug in der Hand des
liebenden Mädchens, wobei, wie noch M. deutlich erkennen läfst
(5; 329 f.), die alte Vorstellung vom Lebenslichte des Menschen
umgestaltend eindrang.[3])

Ich weifs nicht, ob mich meine Phantasie zu weit geführt
und ob Kallimachos, oder wer es sonst ist, so gedichtet hat: ich
weifs aber, dafs eine solche Dichtung möglich ist. Denn so hat
Grillparzer die Sage gestaltet, und trotz seiner dramatischen Um-
formung klingt unbewufst der Ton der alexandrinischen Erzählung
in des Meeres und der Liebe Wellen mehr hindurch, als sich mit
den strengen Gesetzen der Tragödie verträgt. So schlingt sich
ein zartes Band zwischen der Novellistik des dritten vorchristlichen
Jahrhunderts und der tragischen Kunst der Gegenwart.

---

1) In eigentümlicher Weise hat Schiller in seinem Gedichte die
antike Idee vom Neide des Schicksals eingeführt, vgl. namentlich Str. 11,
wo sich Hero, die der Dichter zur Hauptperson gemacht hat, des 'schönen
Meeres' arglos freut, das doch bald als 'des Verrates Hülle' den Geliebten ins sichere Verderben lockt. (Widder *Schiller als erzählender
Dichter*, Progr. von Lahr 1885, S. 12 f.)

2) Das Erlöschen des Lichtes wird in den mir bekannten Volkssagen und Liedern fast durchgängig durch den Neid oder die Eifer-
sucht eines bösen Menschen motiviert. Übrigens wissen wir nicht, wie
die Sache im alexandrinischen Original begründet war.

3) Das hat zuerst Rochholz *Schweizer Sagen aus dem Aargau* I 36
treffend bemerkt, der in seinem schönen, noch immer nicht nach Ge-
bühr gewürdigten Buche *Deutscher Glaube und Brauch im Spiegel der
heidnischen Vorzeit* I 165 über 'Lebenslicht und Sterbkerze' ausführ-
lich handelt.

Register.

6*

Übersicht über die litterarische Thätigkeit
Franz Susemihls*)

(geb. am 10. Dezember 1826 zu Laage, einem Städtchen in Mecklenburg-Schwerin, besuchte das Gymnasium des nahen Güstrow, bezog Ostern 1846 die Universität Leipzig, 1846—1848 Berlin. 1848—1850 Lehrer am Gymnasium und an der Realschule in Güstrow. 1850—1851 beendete er seine Studien in Rostock und promovierte in Giefsen. 1851—1852 Lehrer am Gymnasium zu Schwerin. 1852 Privatdocent in Greifswald, 1856 ao. Professor, 1863 oö. Professor daselbst).

Abkürzungen:

Jahrb. — Fleckeisens Jahrbücher für classische Philologie.
Phil. — Philologus.
Rh. M. — Rheinisches Museum (neues).
B. J. = Bursians Jahresbericht.
Herm. — Hermes.
Ind. schol. Gryph. — Index scholarum universitatis Gryphiswaldensis [sämtlich in 4°].

1850

1. Über Zweck und Gliederung des Platonischen Phaedon. *Phil.* 5, 385—418.

1851

2. Der historische und ideale Sokrates in Platon's Phaedon. *Phil.* 6, 112—114.
3. Über die Composition des Platonischen Gastmahls. *Ebenda* 177—214.

1852

4. **Prodromus Platonischer Forschungen.** Greifswalder Habilitationsschrift. Göttingen 1852. gr. 8°. VI, 106 S. [*Zusammenfassung und Erweiterung der voraufgehenden Abhandlungen.*]

1853

5. Nachträgliche Bemerkungen über Platons Gastmahl. *Phil.* 8, 153—159.
6. Kritische Skizzen zur Vorgeschichte des 2. Punischen Krieges. Greifswald 1853. 8°. 48 S. (*Gratulationsschrift zur Jubelfeier des Güstrower Gymnasiums.*)

---

*) Fortgelassen sind die Anzeigen im Philologischen Anzeiger, in der Neuen Jenaer Litteraturzeitung, der Deutschen Litteraturzeitung, der Berliner Philologischen Wochenschrift und der Wochenschrift für klassische Philologie.

1855

7. Platons Gastmahl übersetzt von F. S. Stuttgart 1855. 16°. 126 S.
(2. Ausgabe 1876.) [*In der Sammlung von Osiander und Schwab, der auch die übrigen Übersetzungen Platonischer Werke von S. angehören: alle sind mit einer Einleitung und zahlreichen Anmerkungen versehen.*]

8. **Die genetische Entwickelung der Platonischen Philosophie** einleitend dargestellt. Bd. I. Leipzig 1855. 8°. XVI, 436 S.

9. Recension von A. S. v. Noroff, Die Atlantis. (St. Petersburg 1854.) *Jahrb.* 71, 375—388.

10. Recension von Suckow, Die wissenschaftliche und künstlerische Form der platonischen Schriften. (Berlin 1855.) *Ebenda* 626—646. 699—718.

1856

11. Platon's Protagoras übers. von F. S. Stuttgart 1856. 16°. 151 S.
(3. Ausg. 1875.)

12. Über das Verhältnis des Gorgias zum Epedokles. *Jahrb.* 73, 40—42.

13. Über den Schlufsbeweis in Platon's Phaedon. *Ebenda* 236—240.

14. Anzeige von Bernhardy's Grundrifs d. griech. Litteratur, 2te Bearbeitung. *Ebenda* 577—621.

1857

15. Zur Litteratur des Platon. *Jahrb.* 75, 589—607.

16. **Die genetische Entwickelung der Platonischen Philosophie.** II, 1. Leipzig 1857. 8°. XII, 312 S.

17. Platon's Timaios und Kritias nebst Timaios dem Lokrer übers. v. F. S. Stuttgart 1856—57. 16°. 2 Bdchn. 336 S.

18. Noch einmal die Oedipustrilogie des Aeschylos. *Zeitschr. f. d. Alterthumsw.* 1857. Nr. 13. S. 100—104.

1858

19. Recension von Munk, Natürliche Ordnung der platonischen Schriften Berlin 1856. *Jahrb.* 77, 829—867.

1859

20. Erklärung an Überweg über das Verhältnis des Mathematischen bei Plato zur Seele. *Jahrb.* 79, 439.

21. Kritische Bemerkungen zum ersten Buch des Lucretius (gemeinsam mit A. Brieger). *Phil.* 14, 550—567.

1860

22. **Die genetische Entwickelung der Platonischen Philosophie.** II, 2. Leipzig 1860. 8°. (XXVII S. und S. 313—396.)

23. Zur Platonischen Eschatologie und Astronomie. *Phil.* 15, 417—434.

1861

24. Conjecturen zu Platon's Gesetzen und der Pseudo-Platonischen Epinomis. *Jahrb.* 83, 135—139. 693—699.

1862

25. Die Lehre des Aristoteles vom Wesen der schönen Künste. *Ein Vortrag gehalten in der Aula der Universität zum Winckelmannfeste* d. 9. Dec. 1861. Greifswald 1862. gr. 8. 27 S.

26. Zur Litteratur von Aristoteles Poetik. I. Artikel. *Jahrb.* 85, 317 —332. II. Artikel 395—425.
27. Zu Aristoteles Poetik cap. 6 p. 1450, 4—12. *Ebenda* 425—426.
28. Deuschle, Über die Echtheit des Platonischen Parmenides mit Vorerinnerung und Ergänzungen von F. S. *Ebenda* 681—699.
29. Platon's Gesetze. 12 Bücher und der Anhang zu den Gesetzen übers. v. F. S. Stuttgart 1862—63. 16°. 7 Bdchn. 972 S.

1863

30. Platonische Forschungen. 4 Abhandlungen. I. Die Gütertafel am Schlusse des Platonischen Philebos. II. Die Zeit der Handlung in der Platonischen Republik. III. Über die Bildung der Weltseele im Timaeus. IV. Spricht Platon im Phaedon p. 95e ff. von seiner eigenen Entwickelungsgeschichte? *Phil. II. Suppl.-Bd.* (1863), 75—97. 97—132. 217—250 und *Phil.* 20 (1863), 226—237.
31. Studien zur Aristotelischen Poetik. Erstes Stück. *Rh. M.* 18, 366 —380. 471—473.
32. Zur griechischen Rhythmik (*Sendschreiben an Hrn. Prof. J. Caesar in Marburg*). *Jahrb.* 87, 871—881.
33. Über Platon's Phaedros p. 277e ff. und Platon's schriftstellerische Motive. *Ebenda* 242—250. (Vgl. Volquardsen *ebenda* 866—868.)

1864

34. Die Vorgeschichte der griechischen Prosa. *Neues Schweizer. Museum* IV. 1—22.
35. Studien zu Aristoteles Poetik. Zweites Stück. *Rh. M.* 19, 197 —210. 640.
36. Zur Litteratur des Hesiodos. *Jahrb.* 89, 1—10. 729—753.
37. Zu Aristoteles Poetik cap. 9. *Ebenda* 259—260.
38. Noch einmal das sechste Capitel der Aristotelischen Poetik. *An Herrn Prof. J. Vahlen in Wien. Ebenda* 505—520.
39. Noch einmal über Platon's Phaedros p. 277e ff. und die Abfassungszeit dieses Dialoges. *Ebenda* 861—865.
40. Platon. Zweifelhaftes und Unächtes. Jon. Alkibiades I und II. Kleitophon. Theages. Die Nebenbuhler. Minos, oder vom Gesetz. Hipparchos, oder von der Gewinnsucht. Von der Gerechtigkeit. Demodokos. Sisyphos. Definitionen, übers. v. F. S. Stuttgart, 1864 —1865. 16°. 4 Bdchn. 479 S.

1865

41. Platon's Parmenides übers. v. F. S. Stuttgart 1865. 16°. 158 S.
42. Aristoteles Werke. Griechisch und deutsch mit sacherklärenden Anmerkungen. (Leipzig, Engelmann.) Bd. 4. Aristoteles über die Dichtkunst hrsg. v. F. S. 1865. 8°. XX, 220 S. (2. Aufl. 1874. XXVI, 318 S.)
43. Über Aristoteles Politik. I. 8—11. *Rh. M.* 20, 514—517.
44. Über den Process wegen Ermordung d. Nikodemos v. Aphidna u. d. Verhältniss des Demosthenes zu demselben. *Jahrb.* 91, 366—371.

1866

45. Über Aristoteles περὶ γενέσεως καὶ φθορᾶς II 3 p. 330b 15—17 und die spätere Elementenlehre Platons. *Jahrb.* 93, 334—336.
46. Kritische Bemerkungen zum zweiten Buche der Aristotelischen Politik. *Ebenda* 327—333.

47. Das vierte (richtiger sechste) Buch der Aristotelischen Politik
    Rh. M. 21, 551—573.
48. Fernerweitige Bemerkungen zum ersten Buche des Lucretius (gemeinsam mit A. Brieger). *Phil.* 23, 455—472. 623—648.
49. Kritisch-exegetische Bemerkungen zum zweiten Buche des Lucretius, erstes Stück (gemeinsam mit A. Brieger). *Phil.* 24, 422—453.
50. De fontibus rhythmicae Aristidis Quintiliani doctrinae. *Ind. schol. Gryph.* 16 S.

1867

51. Platons Euthydemos übers. v. F. S. Stuttgart 1867. 16°. 140 S.
52. Zu Aristoteles Poetik. *Zeitschr. f d. österr. Gymn.* 18, 71—74. 155.
53. Studien zur Aristotelischen Politik. *Phil.* 25, 386—415.
54. Studien zu Aristoteles Poetik. Drittes Stück. *Rh. M.* 22, 217—244.
55. Kritisch-exegetische Bemerkungen zum zweiten Buche des Lucretius, zweites Stück (gemeinsam mit A. Brieger). *Phil.* 25, 67—91.
56. Zur Litteratur von Aristoteles Poetik. III. Artikel. *Jahrb.* 95, 159 —184. IV. Artikel 221—286. V. Artikel 827—846.
57. Die Lehre des Aristoteles vom Wesen des Staats und den verschiedenen Staatsformen. (*Festrede d. Universität*) Greifswald 1867. 12°. 43 S.
58. De Aristotelis politicorum libris primo et secundo quaestiones criticae. *Ind. schol. Gryph.* 18 S.

1868

59. Zu Aristoteles Rhetorik. *Rh. M.* 23, 539 - 540. 691.
60. Arete in der Odyssee. *Jahrb.* 97, 101—104.
61. Die neueste Litteratur über die ältere griechische Sophistik. *Ebenda* 513—528.
62. Bemerkungen zum dritten Buche des Lucretius (gemeinsam mit A. Brieger). *Phil.* 27, 28—57.

1869

63. Die neueste Litteratur zur Aristotelischen Politik. *Jahrb.* 99, 593 - 610.
64. De Aristotelis politicorum libris primo et secundo quaestionum criticarum appendix. *Ind. schol. Gryph.* 21 S.

1870

65. Oeconomicorum quae Aristoteli vulgo tribuuntur libri primi vetusta translatio Latina denuo edita a F. S. *Progr. acad. Gryph.* 1870. 4°. 7 S.
66. Das dritte Buch der Aristotelischen Politik. *Phil.* 29, 97—110.
67. Zu Aristoteles. *Phil.* 30, 420—425.
68. Die neueste Litteratur zur Aristotelischen Politik. *Jahrb.* 101, 343—350.
69. Zur griechischen Rhythmik. *Ebenda* 497—513.
70. Bemerkungen zum vierten Buche des Lucretius, erstes Stück (gemeinsam mit A. Brieger). *Phil.* 29, 417—447.

1871

71. Die neueste Litteratur zur Aristotelischen Politik. *Jahrb.* 103, 119—139.
72. Zu Aristoteles Politik. *Ebenda* 790—792.
73. Zu Diogenes Laertios. *Rh. M.* 26, 336—341.
74. Studien zu Aristoteles Poetik. Viertes Stück. *Ebenda* 440—462.
75. Über Handschriften von der Politik des Aristoteles. *Phil.* 30, 420—425.

76. De Aristotelis politicorum libris tribus prioribus quaestiones criticae. *Ind. schol. Gryph.* 17 S.

1872

77. **Aristotelis politicorum libri VIII.** cum vetusta translatione Guil. de Moerbeka rec. F. S. Accedunt variae lectiones Oeconomicorum. Lipsiae 1872. gr. 8°. LXIX, 635 S.
78. De politicis Aristotelis quaestionum criticarum particula IV. *Ind. schol. Gryph.* 20 S.
79. — part. V. 16 S.
80. Zur Litteratur von Aristoteles Poetik. 6. Artikel. *Jahrb.* 105, 317—342.

1873

81. Über Ilias B 1—483. *Phil.* 32, 193—226. [*Stammt bereits aus dem Jahre 1861, Bruchstück einer gröfseren Arbeit, die sich über die ganze Ilias erstrecken sollte.*]
82. Zur griechischen Rhythmik und Metrik. [Anzeige v. Brambachs Schriften.] *Jahrb.* 107, 289—304.
83. Anzeige von Schuster's Heraklit v. Ephesus. *Ebenda* 713—728.
84. Bemerkungen zum vierten Buche des Lucretius, zweites Stück (gemeinsam mit A. Brieger). *Phil.* 32, 478—489.
85. De politicis Aristoteleis quaestionum criticarum particula VI. Accedit de poeticorum capite XII et de paracataloge commentariolum. *Ind. schol. Gryph.* 35 S.

1874

86. Kleine Beiträge z. griech. Litteraturgeschichte. 1. Homeros u. Terpandros. 2. Hesiodos u. Stesichoros. 3. Alkmans Zeitalter u. metrische Neuerungen. 4. Die orphische Theogonie. *Jahrb.* 109, 649—676.
87. Bemerkungen zum vierten Buche des Lucretius, drittes Stück (gemeinsam mit A. Brieger). *Phil.* 33, 431—448.

1875

88. Bericht über die im Jahre 1873 erschienenen Arbeiten über griechische Philosophie und griechische Philosophen. *B. J.* 1, 511—598.
89. De Aristotelis politicorum libris quaestiones criticae part. VII. *Ind. schol. Gryph.* 18 S. [Zusammengefasst mit Nr. 58, 64, 76, 78, 79, 85 in Quaestiones criticae de Politicis Aristoteleis. Berlin 1875.]
90. Über die Composition der Politik des Aristoteles. *Verh. d. 30. Phil.-Vers.* (zu Rostock 1875). Leipzig 1876. 4°. S. 17—29.

1876

91. Bericht über die in den Jahren 1874 und 1875 erschienenen Arbeiten über griechische Philosophie und griechische Philosophen. *B. J.* 3, 261—400.
92. De vita Aeschyli quaestiones epicriticae. *Ind. schol. Gryph.* 16 S.

1877

93. Kleine Beiträge zur Griech. Litt.-Gesch. 5. Gorgias u. d. attische Prosa. *Jahrb.* 115, 793—799.

1878

94. Bericht über Aristoteles und Theophrastos für das Jahr 1876. *B. J.* 5, 257—298.

95. Bericht über Aristoteles für das Jahr 1877. *Ebenda* 9, 336—364.
96. Julianus und Aristoteles (Politik). *Jahrb.* 117, 389—390.
97. Die Bekkerschen Handschriften der Nikomachischen Ethik. *Ebenda* 625—632.
98. De Aristotelis ethicis Nicomacheis recognoscendis dissertatio I. *Ind. schol. Gryph.* 19 S.

1879

99. De Aristotelis ethicis Nicomacheis recognoscendis dissertatio II. *Ind. schol. Gryph.* 19 S.
100. Zu Platons Symposion p. 175 b. *Rh. M.* 34, 184—187.
101. **Aristoteles Politik, griechisch und deutsch mit sacherklärenden Anmerkungen** herausgegeben von F. S. 2 Bände. Leipzig (Engelmann) 1879. 8°. XXVI, 801; LXX, 388 S.
   Englische Bearbeitung: Aristoteles politics. A revised text with introduction, analysis and commentary by F. Susemihl and R. D. Hicks. Books I to V, London 1895. VIII, 689 S. 8°.
   [*Mit vielen Zusätzen des englischen Bearbeiters.*]
102. Studien zur nikomachischen Ethik. *Jahrb.* 119, 737—765.
103. G. F. Schömann, ein Überblick seines Lebens und Wirkens. *Necrolog in B. J.* 1879, S. 7—16.

1880

104. Bericht über Aristoteles und Theophrastos für 1878 und 1879. *B. J.* 17, 251—294.
105. **Aristotelis Ethica Nicomachea** rec. F. S. Leipzig 1880. 2. etwas verbesserter Abdruck 1882. XX, 280 S.
106. Zur pseudo-aristotelischen grofsen Moral und eudemischen Ethik. *Rh. M.* 35, 475—479.
107. Timotheos von Milet bei Aristot. poet. 2. *Ebenda* 486—488.
108. Die Abfassungszeit d. Platonischen Phaidros. *Jahrb.* 121, 707—724.
109. Über die Nikom. Ethik des Aristoteles. *Verh. d. 35. Philol.-Vers.* (zu Stettin 1880). Leipzig 1881. 4°. S. 22—42.

1881

110. De Magnorum Moralium codice Vaticano 1342. *Ind. schol. Gryph.* 15 S.
111. Die Abfassungszeit d. Platon. Phaidros. II. Artikel. *Jahrb.* 123, 657—670.

1882

112. Zu Platons Theaitetos 175 a b. *Jahrb.* 125, 75.
113. Zenon von Kition. Zu Laert. Diog. VII 1—12. 24—29. *Ebenda* 737—746. (Nachtrag 127 [1883], 223 f.)
114. **Aristotelis politica tertium edita** a F. S. Leipzig. 1882. 8°. XXVIII, 367 S. Impressio nova correctior 1894. XLIII, 368 S. (Bibliotheca Teubneriana.)
   [*Das tertium ed. bezieht sich auf die kritische und die Engelmannsche Ausgabe.*]
115. De recognoscendis Magnis Moralibus et Ethicis Eudemiis. *Ind. schol. Gryph.* 22 S.

1883

116. **Aristotelis quae feruntur Magna Moralia,** rec. F. S. Leipzig 1883. 8°. XIX, 126 S.
117. De Rhetoricorum Aristoteleorum libro primo quaestiones criticae. *Mélanges Graux* (Paris 1883). S. 87—96.

118. Bericht über Aristoteles und die ältesten Akademiker und Peripatetiker für 1880—1882. *B. J.* 30, 1—98.
119. Die Textüberlieferung der Nikomachischen Ethik. *Jahrb.* 127, 615—621.

1884

120. **Eudemi Rhodii Ethica. De virtutibus et vitiis libellus,** ed. F. S. Leipzig 1884. 8°. XXVII, 199 S.
121. Die ἐξωτερικοὶ λόγοι bei Aristoteles u. Eudemos. *Jahrb.* 129, 265—277.
122. Drei schwierige Stellen der Aristotelischen Politik. *Herm.* 19, 576—595.
123. De carminis Lucretiani prooemio et de vitis Tisiae, Lysiae, Isocratis, Platonis, Antisthenis, Alcidamantis, Gorgiae. *Ind. schol. Gryph.* 22 S.
124. Bericht über Aristoteles und Theophrastos für das Jahr 1883. *B. J.* 34, 1—54.

1885

125. Jahresbericht über Aristoteles und die ältesten Peripatetiker für 1884. *B. J.* 42, 1—51.
126. Bericht über Aristoteles und die ältesten Peripatetiker für 1885. *Ebenda* 230—268.
127. Analecta Alexandrina chronologica. I. *Ind. schol. Gryph.* 18 S.
128. Kritische Studien zu den zoologischen Schriften des Aristoteles. *Rh. M.* 40, 563—598.
129. Zu den sogenannten Parva Naturalia des Aristoteles. *Phil.* 44, 579—582.
130. Neue Bemerkungen zum ersten Buche des Lucretius. *Ebenda* 61—87.

1886

131. Zu Platons Theaitetos 147 bc. *Phil.* 45, 382.
132. Skylla in der aristotelischen Poetik. *Jahrb.* 133, 583 f.
133. Die Bedeutung von φιλάνθρωπον in der aristotelischen Poetik. *Ebenda* 681 f.
134. De Politicis Aristoteleis quaestiones criticae. *Jahrb.-Supplem.* 15, 329—450.
    [*Revidierende Zusammenfassung und Erweiterung der früheren Arbeiten.*]

1887

135. Bericht über Aristoteles und Theophrastos für 1886. *B. J.* 50, 1—18.
136. Aristotelis Oeconomica, ed. F. S. Leipzig 1887. 8°. XXX, 94 S.
137. Zu Laertios Diogenes und der Chronologie des Pittakos. *Rh. M.* 42, 140—144.
138. De Platonis Phaedro et Isocratis contra sophistas oratione dissertatio cum appendice Aristotelica. *Ind. schol. Gryph.* 20 S.
139. Zu Aristoteles Poetik c. 8. 24. *Jahrb.* 135, 61—64.
140. Der Idealstaat des Antisthenes u. d. Dialoge Archelaos, Kyros und Herakles. *Ebenda* 207—214.
141. Die Textüberlieferung der Aristotelischen Politik. *Ebenda* 801—805.

1888

142. Analectorum Alexandrinorum chronologicorum particula II. *Ind. schol. Gryph.* 19 S.
143. Zu Platons Theaitetos. *Phil.* 46, 375—378.

1889

144. Über eine Schrift des Aristarcheers Ammonios. *Jahrb.* 139, 751 f.
145. Das Geburtsjahr des Zenon von Kition. *Ebenda* 745—751.

1890

146. Zu den Biographien des Bion u. d. Pittakos bei Laert. Diogenes.
      Jahrb. 141, 187—191.
147. Zu den Orphischen Theogonien. *Ebenda* 820—826.
148. De theogoniae Orphicae forma antiquissima. *Ind. schol. Gryph.*
      19 S.

1891

149. Zu Laertios Diogenes VII 54. *Rh. M.* 46, 326—327.
150. Geschichte der griechischen Litteratur in der Alexandrinerzeit.
      Bd. I. Leipzig 1891. 8°. XVI, 907 S.
151. Bericht über Aristoteles und die ältesten Akademiker und Peri-
      patetiker für 1887—1890. *B. J.* 67, 78—184.

1892

152. Geschichte der griechischen Litteratur in der Alexandrinerzeit.
      Bd. II. Leipzig 1892. 8°. XVI, 771 S.
153. Quaestionum Aristotelearum criticarum et exegeticarum pars I.
      Ind. schol. Gryph. 19 S.
154. Zum Roman der Alexandrinerzeit. *Jahrb.* 145, 752—758.

1893

155. Quaestionum Aristotelearum criticarum et exegeticarum pars II.
      Ind. schol. Gryph. 20 S.
156. Anzeige von E. Maass, Aratea. *Jahrb.* 147, 87—48.
157. Zu Aristoteles Politik. *Ebenda* 192.
158. Zur Textüberlieferung der aristotelischen Politik. *Ebenda* 817—824.
159. Bericht über Aristoteles und die ältesten Akademiker und Peripa-
      tetiker 1887—1890. *B. J.* 25, 55—79 (vgl. Nr. 151); desgl. für
      1891. *Ebenda* 80—114.

1894

160. Kleine Beiträge zur Geschichte der griechischen Tragödie. *Rh. M.*
      49, 473—476.
161. Quaestionum Aristotelicarum criticarum et exegeticarum pars III.
      Ind. schol. Gryph. 21 S.
      [*Steht zum Teil unter dem Titel „De Politicorum Aristoteleorum
      capite ultimo" auch in der Revue de philologie. N. F. 18 (1894),
      255—259.*]
162. Zur alexandrinischen Litteraturgeschichte. I. Aratos und die Stoiker.
      Jahrb. 149, 93—100. II. Zum vierten Idyll des Theokritos.
      100—102.
163. Zur Politik des Aristoteles. *Ebenda* 801—817. 1) Die Abfolge d.
      Bücher. S. 801. 2) Über pol. II 12 u. d. gegenseitige Zeitver-
      hältnis d. Politik u. d. Politeia d. Athener. S. 809.
164. Die Pseudepicharmeia. *Phil.* 53, 564—567.
165. Bericht über Aristoteles und die ältesten Akademiker und Peri-
      patetiker für 1892 und 1893. *B. J.* 79, 79—133. 258—292.

1895

166. Quaestionum Aristotelearum criticarum et exegeticarum pars IV.
      Ind. schol. Gryph. 23 S.
      [*Steht zum Teil unter dem Titel „De Aristotele primordiisque*

comoediae Atticae" auch Revue de philologie. N. F. 19 (1895),
S. 197—209.]
167. Die Lebenszeit des Andronikos von Rhodos. *Jahrb.* 151, 225—234.
168. Über Thrasyllos. Zu Laert. Diog. III 56—62. *Phil.* 54, 567—574.

1896

169. Zur alexandrinischen Litteraturgeschichte. III. Der Lebensgang
des Theokritos und des Aratos. *Jahrb.* 153, 383—396.
170. Aristoteles und Drakon. *Ebenda* 258—260.
171. Bericht über Aristoteles und die ältesten Akademiker und Peripatetiker für 1894. *B. J.* 88, 1—48.
172. Zu Aristoteles Politik. I. 11. 1258 b 27—31. *Berl. phil. Wochenschr.*
XVI. Nr. 26. S. 830—831. [Berichtigung Nr. 30. S. 962.]
*Zusammen gegen 11000 S. in 8° [die wiederholten Auflagen nicht
gerechnet].*

Übersicht

der im zweiten Halbjahr 1897

von

B. G. TEUBNER ⚏ IN LEIPZIG

versandten

neuen Bücher, Fortsetzungen

und neuen Auflagen.

I.

Klassische Altertumswissenschaft.

Zum lateinischen und griechischen Unterricht.

Autenrieth, Dr. Georg, K. Oberstudienrat, Rektor des Alten Gymnasiums zu Nürnberg, Wörterbuch zu den Homerischen Gedichten. Für Schüler bearbeitet. Mit vielen Holzschnitten und zwei (lith.) Karten. Achte verbesserte Auflage. [XVI u. 382 S.] gr. 8. geb. ℳ 3.—; geb. ℳ 3.60.
Voranzeige s. Mitteilungen 1897 Nr. 5/6, S. 149.

Bahrsch, Dr. P., Professor am Königlichen Gymnasium zu Danzig, Lese- und Übungsbuch für den lateinischen Anfangsunterricht in Reformschulen. Nach Ostermanns Lateinischen Übungsbüchern bearbeitet. [IX u. 368 S.] gr. 8.
In Leinwand geb. n. ℳ 3.—
Voranzeige f. Mitteilungen 1897 Nr. 3, S. 71.

Benseler, G. E., und **K. Schenkl,** griechisch-deutsches und deutsch-griechisches Schulwörterbuch. 2 Bände. II. Band. Deutsch-griechisches Schulwörterbuch. Von K. Schenkl. Fünfte, teilweise gekürzte Auflage. [VIII u. 1076 S.] Lex.-8. geh. ℳ 9.—; in Hlbfrz. geb. ℳ 10.50.
Voranzeige s. Mitteilungen 1897 Nr. 5/6, S. 149.

Blümner, Hugo, Satura. Ausgewählte Satiren des Horaz, Persius und Juvenal in freier metrischer Übertragung. [XIX u. 264 S.] 8. Geschmackvoll kart. n. ℳ 5.—
Voranzeige s. Mitteilungen 1897 Nr. 4, S. 109.

Catonis, M. Porci, de agri cultura liber, Varronis, M. Terenti, rerum rusticarum libri tres ex recensione Henrici Keilii. Vol. III. Fasc. I. Index verborum in Catonis de re rustica librum, composuit Richardus Krumbiegel. [IV u. 82 S.] gr. 8. geh. n. ℳ 3.—
Voranzeige s. Mitteilungen 1898 Nr. 3, S. 65.

Dittmar, Dr. phil. Armin, Lehrer an der Königlichen Fürsten- und Landesschule zu Grimma, Studien zur lateinischen Moduslehre. [XII u. 346 S.] gr. 8. geb. n. ℳ 8.—
Voranzeige s. Mitteilungen 1897 Nr. 1, S. 3.

Gemoll, Wilhelm, zu Xenophons Anabasis. Besonderer Abdruck aus dem 23. Supplementband der Jahrb. für class. Philologie. [42 S.] gr. 8. geh. n. ℳ 1.20.
Voranzeige s. Mitteilungen 1897 Nr. 4, S. 109.

Gerber, A., et A. Greef, lexicon Taciteum. Fasciculum XIII edidit A. GREEF. [relucesco—si.] [S. 1377—1488.] Lex.-8. geh. n. *M* 3.60.

Groag, Dr. Edmund, zur Kritik von Tacitus' Quellen in den Historien. Besonderer Abdruck aus dem 23. Supplementband der Jahrb. für class. Philologie. [90 S.] gr. 8. geh. n. *M* 2.80.
Voranzeige s. Mitteilungen 1897 Nr. 4, S. 110.

Hasper, Theodorus, de compositione Militis Gloriosi commentatio. Adiectae sunt emendationes Militis Gloriosi. [Ex commentationibus congressui philologorum Dresdensi dedicatis separatim expressa.] [28 S.] 4. geh. n. *M* 1.—

Hirmer, Joseph, Entstehung und Komposition der Platonischen Politeia. Besonderer Abdruck aus dem 23. Supplementband der Jahrb. für class. Philologie. [100 S.] gr. 8. geh. n. *M* 3.20.
Voranzeige s. Mitteilungen 1897 Nr. 4, S. 110.

Jahrbücher für classische Philologie. Herausgegeben von Dr. ALFRED FLECKEISEN. XXIII. Supplementband. Drittes (Schluss-) Heft. [IV u. 262 S.] gr. 8. geh. n. *M* 6.40.
Inhalt: Zu Xenophons Anabasis von *Wilhelm Gemoll*. Zur Kritik von Tacitus' Quellen in den Historien von *Edmund Groag*. Entstehung und Komposition der Platonischen Politeia von *Joseph Hirmer*. Über Galens Einleitung in die Logik von *Karl Kalbfleisch*.

Kalbfleisch, Karl, über Galens Einleitung in die Logik. Besonderer Abdruck aus dem 23. Supplementband der Jahrb. für class. Philologie. [30 S.] gr. 8. geh. n. *M* 1.—
Voranzeige s. Mitteilungen 1897 Nr. 4, S. 111.

Lexikon, ausführliches, der griechischen und römischen Mythologie. Im Verein mit vielen Gelehrten herausgegeben von W. H. ROSCHER. Mit zahlreichen Abbildungen. 36. Lieferung. (Mondgöttin — Myton.) [8p. 3187—3526.] Lex.-8. Jede Lieferung geh. n. *M* 2.—
—— II. Band. [VI S. u. 3526 8p.] Lex.-8. geh. n. *M* 38.—
Voranzeige s. Mitteilungen 1897 Nr. 4, S. 107.

[Lucas.] Euangelium sec. Lucam, ed. BLASS: s. VI. Theologie.

Müller. Professor Dr. H. J., Direktor des Luisenstädtischen Gymnasiums zu Berlin, lateinische Schulgrammatik, vornehmlich zu Ostermanns Lateinischen Übungsbüchern. Zweite Auflage. [XIV u. 320 S.] gr. 8. In Leinwand geb. n. *M* 2.60.
Voranzeige s. Mitteilungen 1897 Nr. 5/6, S. 150.

Ostermann, Christian, lateinisches Übungsbuch. Neue Ausgabe, besorgt von Professor Dr. H. J. Müller, Direktor des Luisenstädtischen Gymnasiums zu Berlin. Erster Teil: Sexta. Sechste Auflage. [XVI u. 220 S.] gr. 8. In Leinwand geb. n. *M* 1 60.
—— Dritter Teil: Quarta. Mit zwei Karten. Vierte Auflage. [VIII u. 288 S.] gr. 8. In Leinwand geb. n. *M* 2.—
[——] Auszug aus dem Tempus- und Moduslehre als Anhang zu Teil IV. [32 S.] gr. 8. geh. *M* —.30.
Voranzeige s. Mitteilungen 1897 Nr. 5/6, S. 150.

Theophrasts Charaktere. Herausgegeben, erklärt und übersetzt von der Philologischen Gesellschaft zu Leipzig. [LXIV u. 280 S.] gr. 8. geh. n. *M* 6.—
Voranzeige s Mitteilungen 1897 Nr. 5/6, S. 148.

Vogel, Prof. Dr. Theodor, Rektor, u. Schwarzenberg. Dr. Adolf, Oberlehrer an der Dreikönigschule (Realgymnasium) Dresden-Neustadt, Hilfsbücher für den Unterricht in der lateinischen Sprache an gymnasialen Anstalten mit lateinlosem Unterbau (Reform-Gymnasien, Reform-Realgymnasien). I. Teil: Lateinische Schulgrammatik von Theodor Vogel. [XVI u. 266 S.] gr. 8. In Leinwand geb. n. *M* 2.80.
Voranzeige s. Mitteilungen 1897 Nr. 3, S. 72.
—— II. Teil: Lateinisches Lese- und Übungsbuch von Adolf Schwarzenberg. A. Unterterzia. [VIII u. 244 S.] gr. 8. In Leinwand gebunden n. *M* 2.40.
Voranzeige s. Mitteilungen 1897 Nr. 3, S. 72.

Weissenfels, Prof. Dr. O., Oberlehrer am Kgl. Pädagogium und Waisenhause bei Züllichau, griechische Schulgrammatik in Anlehnung an G. J. WäBers lateinische Schulgrammatik. [VII u. 226 S.] gr. 8. In Leinwand gebunden n. ℳ 2.40.

Voranzeige s. Mitteilungen 1897 Nr. 3, S. 70.

Angekündigt aber noch nicht erschienen ist:

Die Legenden des heiligen Aberkios. Herausgegeben von Karl Krumbacher. gr. 8. geh. [N. Mitteilungen 1897 Nr. 5/6, S. 147.]

Bibliotheca scriptorum Graecorum et Romanorum Teubneriana.

Textausgaben.

Anthologia lyrica sive lyricorum Graecorum veterum praeter Pindarum reliquiae potiores. Post Theodorum Bergkium quartum edidit Eduardus Hiller. Exemplar iteratum emendavit atque novis Solonis aliorumque fragmentis auxit O. Crusius. [LXXVIII u. 387 S.] 8. geh. ℳ 3.—

Voranzeige s. Mitteilungen 1897 Nr. 4, S. 112.

Babrii fabulae Aesopeae, recognovit, prolegomenis et indicibus instruxit Otto Crusius. Accedunt fabularum dactylicarum et iambicarum reliquiae, Ignatii et aliorum tetrasticha iambica recensita a Carolo Friderico Müller. [XCVI u. 440 S.] 8. geh. n. ℳ 8.40.

Voranzeige s. Mitteilungen 1895 Nr. 3, S. 70.

Eudociae Augustae, Procli Lycii, Claudiani carminum Graecorum reliquiae. Accedunt Blemyomachiae fragmenta. Recensuit Arthurus Ludwich. [VII u. 241 S.] 8. geh. n. ℳ 4.—

Voranzeige s. Mitteilungen 1897 Nr. 2, S. 42.

Firmici, Iulii Materni, Matheseos libri VIII, ediderunt W. Kroll et F. Skutsch. Fasciculus prior libros IV priores et quinti prooemium continens. [XII u. 280 S.] 8. geh. n. ℳ 4.—

Voranzeige s. Mitteilungen 1897 Nr. 5/6, S. 151.

Florilegium Graecum in usum primi gymnasiorum ordinis collectum a philologis Afranis. Fasciculus IV. Exemplar iteratum. [70 S.] 8. kart. ℳ —.45.

Lydi, Ioannis Laurentii, liber de ostentis et Calendaria graeca omnia, iterum edidit Curtius Wachsmuth. Accedunt epimetra duo de cometis et de terrae motibus. [LXXII u. 366 S.] 8. geh. n. ℳ 6.—

Voranzeige s. Mitteilungen 1897 Nr. 5/6, S. 151.

Mythographi Graeci. Vol. III. Fasc. I. Pseudo-Eratosthenis Catasterismi, recensuit Alexander Olivieri. [XVIII u. 76 S.] 8. geh. n. ℳ 1.20.

Voranzeige s. Mitteilungen 1897 Nr. 5/6, S. 151.

Philoponi, Ioannis, de opificio mundi libri VII, recensuit Gualterus Reichardt. (Scriptores sacri et profani, auspiciis et munificentia serenissimorum nutritorum almae matris Ienensis ediderunt seminarii philologorum Ienensis magistri et qui olim sodales fuere. Fasciculus I.) [XVI u. 343 S.] 8. geh. n. ℳ 4.—

Voranzeige s. Mitteilungen 1897 Nr. 3, S. 74.

Pindari carmina cum deperditorum fragmentis selectis iterum recognovit W. Christ. [IV u. 351 S.] 8. geh. ℳ 1.80.

Voranzeige s. Mitteilungen 1897 Nr. 4, S. 112.

Plini Secundi, C., naturalis historiae libri XXXVII. Post Ludovici Iani obitum recognovit et scripturae discrepantia adiecta edidit Carolus Mayhoff. Vol. V. Libri XXXI—XXXVII. [XI u. 513 S.] 8. geh. n. ℳ 6.—

Voranzeige s. Mitteilungen 1897 Nr. 1, S. 9.

Angekündigt aber noch nicht erschienen ist:
Q Horati Flacci Carmina. Tertium recognovit Lucianus Mueller.
8. geb. [S. Mitteilungen 1897 Nr. 5/6, S. 150.]

Sammlung wissenschaftlicher Commentare zu griechischen und römischen Schriftstellern.

Angekündigt aber noch nicht erschienen ist:
Aetna. Erklärt von Siegfried Sudhaus. gr. 8. geh. u. geb. [S. Mitteilungen 1897 Nr. 4, S 111.]

Schultexte der „Bibliotheca Teubneriana".

Thukydides Buch I—III. Text-Ausgabe für den Schulgebrauch von Dir. Dr. Simon Widmann. [XXII u. 345 S.] gr. 8. geb. n. .M 1.80.
Vgl. Mitteilungen 1896 Nr. 5/6, S. 134.

B. G. Teubners Schülerausgaben griechischer und lateinischer Schriftsteller.

Caesar, Des C. Julius, gallischer Krieg. Herausgegeben von Dr. Franz Fügner, Oberlehrer am Kgl. Kaiser Wilhelms-Gymnasium zu Hannover. Text. Dritte Auflage. [II u. 236 S.] Mit Titelbild, 3 Karten und Plänen, und Abbildungen im Text. gr. 8. geb. n. .M 1.80.
—— —— Ausgabe B (mit Einleitung). [LII u. 236 S.] gr. 8. geb. n. .M 2.—

Herodot in Auswahl. Herausgegeben von Dr. Karl Abicht. Hilfsheft. [II u. 66 S. mit zahlreichen Abbildungen.] gr. 8. geb. n. .M —.80.
—— —— Kommentar. [II u. 241 S.] gr. 8. geb. n. .M 1.80.
—— —— Erklärungen („Hilfsheft" und „Kommentar" zusammengebunden enthaltend). [II u. 66 S.; II u. 241 S.] gr. 8. geb. n. .M 2.10.
Voranzeige s. Mitteilungen 1894 Nr. 5/6, S. 106.

Livius, Titus, römische Geschichte seit Gründung der Stadt im Auszuge herausgegeben von Dr. Franz Fügner, Oberlehrer am Königl. Kaiser Wilhelms-Gymnasium zu Hannover. I. Teil: Der zweite punische Krieg. Text. [IV u. 295 S.] gr. 8. geb. n. .M 2.—
Voranzeige s. Mitteilungen 1897 Nr. 5/6, S. 152.

Ovids Metamorphosen (in Auswahl) nebst einigen Abschnitten aus seinen elegischen Dichtungen. Herausgegeben von Dr. Martin Fickelscherer, Oberlehrer am Königl. Gymnasium zu Chemnitz. Text. Zweite, vermehrte Auflage. [VI u. 154 S.] gr. 8. geb. n. .M 1.20.
Voranzeige s. Mitteilungen 1897 Nr. 5/6, S. 153.

—— —— Kommentar. Nachtrag. Anmerkungen zu den in die zweite Auflage des Textes neu aufgenommenen Stücken. [16 S.] gr. 8. geh. n. .M —.20.
Voranzeige s. Mitteilungen 1897 Nr. 5/6, S. 153.
☞ Ausgabe B (mit Einleitung) erschien bereits früher.

[——] Fickelscherer, Dr. Martin, Oberlehrer am Königl. Gymnasium zu Chemnitz, Wörterbuch zu der Auswahl aus Ovids Metamorphosen und den elegischen Dichtungen. [II u. 53 S.] gr. 8. steif geb. n. .M —.50
Voranzeige s. Mitteilungen 1897 Nr. 5/6, S. 153.

Tacitus, P. Cornelius, Annalen in Auswahl und der Bataveraufstand unter Civilis. Herausgegeben von Dr. Carl Stegmann, Professor am Königl. Ulrichs-Gymnasium zu Norden. Text. [IV u. 322 S.] gr. 8. geb. n. .M 2.90.
Voranzeige s. Mitteilungen 1897 Nr. 5/6, S. 153.

B. G. Teubners Schulausgaben griechischer und lateinischer Klassiker mit deutschen Anmerkungen.

Ciceronis, M. Tullii, somnium Scipionis. Für den Schulgebrauch erklärt von Dr. Carl Meissner, Gymnasialprofessor a. D. Vierte verbesserte Auflage. [IV u. 32 S.] gr. 8. geh. ℳ —.45.
   Voranzeige s. Mitteilungen 1897 Nr. 5/6, S. 154.

Cornelius Nepos. Für Schüler mit erläuternden und eine richtige Übersetzung fördernden Anmerkungen versehen von Dr. Johannes Siebelis, weiland Professor am Gymnasium zu Hildburghausen. In siebenter bis elfter Auflage besorgt von Prof. Dr. Max Jancovius. Zwölfte Auflage von Dr. Otto Stange, Oberlehrer am Vitzthumschen Gymnasium zu Dresden. Mit drei Karten. [X u. 166 S.] gr. 8. geh. ℳ 1.20.
   Voranzeige s. Mitteilungen 1897 Nr. 4, S. 113.

Plautus, T. Maccius, ausgewählte Komödien. Für den Schulgebrauch erklärt von Julius Brix. Zweites Bändchen: Captivi. Fünfte Auflage bearbeitet von Max Niemeyer. [VI u. 114 S.] gr. 8. geh. ℳ 1.—
   Voranzeige s. Mitteilungen 1897 Nr. 5/6, S. 154.

Sallustius Crispus, C., bellum Catilinae, bellum Iugurthinum, orationes et epistulae ex historiis excerptae. Für den Schulgebrauch erklärt von Theodor Opitz. (In 3 Heften.) III. Heft: Reden und Briefe aus den Historien. [IV u. 31 S.] gr. 8. geh. ℳ —.45.
   Voranzeige s. Mitteilungen 1897 Nr. 4, S. 114.

Schülerpräparationen
griechischer und lateinischer Schriftsteller.

Brüuhäuser, Prof. G., Präparation zu Caesars bellum Gallicum. 1. Heft: Buch I. [18 S.] gr. 8. steif geh. n. ℳ —.30.

Fehleisen, Prof. Dr. G., Präparation zu Homers Odyssee. 1. Heft: Buch I u. II. [16 S.] gr. 8. steif geh. n. ℳ —.30.

Schülerkommentare
zu lateinischen und griechischen Klassikern im Anschluß an die Teubnerschen Textausgaben.

Hentze, C., Anleitung zur Vorbereitung auf Homers Odyssee. Erstes Bändchen: Gesang I.—VI. Zweite berichtigte Auflage. [VI u. 132 S.] gr. 8. In Leinw. kart. n. ℳ —.80.
   Voranzeige s. Mitteilungen 1897 Nr. 5/6, S. 149.

Jahrbücher, neue, für das klassische Altertum, Geschichte und deutsche Litteratur und für Pädagogik. Herausgegeben von Dr. Johannes Ilberg, Gymnasial-Oberlehrer in Leipzig, und Dr. Richard Richter, Rektor und Professor in Leipzig. Erster Jahrgang. 1898. I. u. II. Band. 1. u. 2. Heft. Jährlich 10 Hefte. gr. 8. n. ℳ 28.—
   Voranzeige s. Mitteilungen 1897 Nr. 5/6, S. 145.

Jahrbücher, neue, für Philologie und Pädagogik. Herausgegeben von Prof. Dr. Alfred Fleckeisen in Dresden und Rektor Prof. Dr. Richard Richter in Leipzig. 67. Jahrgang. 1897. 155. u. 156. Band. 7—12. Heft. Jährlich 12 Monatshefte. gr. 8. n. ℳ 30.—

Zeitschrift, byzantinische. Unter Mitwirkung von Oberbibliothekar C. de Boor-Breslau, Prof. J. B. Bury-Dublin, Prof. Ch. Diehl-Nancy, Abbé L. Duchesne-Rom, Membre de l'Institut, Hofrat Prof. H. Gelzer-Jena, Prof. G. N. Hatzidakis-Athen, Hofrat Prof. V. Jagić-Wien, Prof. N. Kondakov-Petersburg, Staatsrat E. Kurtz-Riga, Prof. Sp. Lambros-Athen, Privatdozent C. Neumann-Heidelberg, Gymnasialdir. Petros N. Papageorgiu-Mitilini, Prof. J. Psichari-Paris, K. N. Sathas-Venedig, korr. Mitgl. d. k. bayer. Akad d. Wiss., G. Schlumberger-Paris, Membre de l'Institut, Prof. J. Strzygowski-Graz, Rev. H. F. Tozer-Oxford, Gymnasialdir. M. Treu-Potsdam, Prof. Th. Uspenskij-Konstantinopel, Prof. A. Vasilievskij-Petersburg, Priv.-Doz. C. Weyman-München herausgegeben von Karl Krumbacher. VI. Band. 1897. 3. u. 4. (Doppel-) Heft. Jährlich 4 Hefte. gr. 8. n. ℳ 20.—

II.
Deutsche Sprache, Litteratur und Geschichte.
Deutsche Schulbücher. Pädagogik.
(Mathematische Lehrbücher siehe unter IV.)

Daenell, Dr. (E. R., Privatdocent der Geschichte an der Universität Leipzig. Geschichte der deutschen Hanse in der zweiten Hälfte des 14. Jahrhunderts. [XII u. 210 S.] gr. 8. geh. n. ℳ 8.—
Voranzeige s. Mitteilungen 1897 Nr. 3, S. 85.

Kaemmel, Otto, Christian Weise, ein sächsischer Gymnasialdirektor aus der Reformzeit des 17. Jahrhunderts. (Der XLIV. Versammlung deutscher Philologen und Schulmänner zu Dresden gewidmet von den höheren Schulen Sachsens.) [IV u. 85 S.] gr. 8. geh. n. ℳ 2.80.
Voranzeige s. Mitteilungen 1897 Nr. 5/6, S. 151.

Lyon, Dr. Otto, die Lektüre als Grundlage eines einheitlichen und naturgemäßen Unterrichts in der deutschen Sprache, sowie als Mittelpunkt nationaler Bildung. Deutsche Prosastücke und Gedichte erläutert und behandelt. (In zwei Teilen.) Zweiter (Schluß-) Teil: Obertertia bis Oberprima. In zwei Lieferungen. Erste Lieferung: Obertertia. [VI u. 299 S.] gr. 8. geh. n. ℳ 3.60.
Voranzeige s. Mitteilungen 1897 Nr. 4, S. 115.

Naumann, Dr. Julius, Direktor des Realgymnasiums Osterode a/O., theoretischpraktische Anleitung zur Abfassung deutscher Aufsätze in Regeln, Musterbeispielen und Dispositionen besonders im Anschluß an die Lektüre klassischer Werke nebst Aufgaben zu Klassenarbeiten für die mittleren und oberen Klassen höherer Schulen. Sechste Auflage. [XVI u. 548 S.] gr. 8. geh. n. ℳ 3.60.
Voranzeige s. Mitteilungen 1897 Nr. 5/6, S. 157.

Stöhn, Dr. Hermann, Lehrbuch der deutschen Litteratur für höhere Mädchenschulen und Lehrerinnen-Bildungsanstalten. Fünfte Auflage, bearbeitet von E. Schmid, Direktor der städt. höheren Mädchenschule und des städt. Lehrerinnen-Seminars in Potsdam. [XI u. 228 S.] gr. 8. In Leinwand geb. n. ℳ 2.80.
Voranzeige s. Mitteilungen 1897 Nr. 5/6, S. 156.

Teubner's Sammlung deutscher Dicht- und Schriftwerke für höhere Töchterschulen unter Mitwirkung von Dr. Baumann, Oberlehrer an der Viktoriaschule, Professor Dr. Hamann, Direktor der Dorotheenschule, Hofmeister, Professor an der Charlottenschule, Dr. Staebler, Professor an der Margaretenschule, und Wetzel, Professor an der Luisenschule, sämtlich in Berlin, herausgegeben von Dr. Bornhak, Professor an der Königl. Elisabethschule zu Berlin. 27. Bändchen: Aus meinem Leben. Dichtung und Wahrheit von W. v. Goethe. Ausgewählt und herausgegeben von Professor Gustav Hofmeister. Zweite Auflage. [IV u. 204 S.] 8. In biegsamen Leinwandband geb. n. ℳ 1.—

Weise, Professor Dr. O., unsere Muttersprache, ihr Werden und ihr Wesen. Tritte, verbesserte Auflage. 9.—12. Tausend. [VIII u. 169 S.] 8. In Leinwand geb. n. ℳ 2.60.
Voranzeige s. Mitteilungen 1897 Nr. 2, S. 43.

Jahrbücher, neue, für das klassische Altertum, Geschichte und deutsche Litteratur und für Pädagogik. Herausgegeben von Dr. Johannes Ilberg, Gymnasial-Oberlehrer in Leipzig, und Dr. Richard Richter, Rektor und Professor in Leipzig. Erster Jahrgang. 1898. I. u. II. Band. 1. u. 2. Heft. Jährlich 10 Hefte. gr. 8. n. ℳ 28.—
Voranzeige s. Mitteilungen 1897 Nr. 5/6, S. 145.

Zeitschrift für den deutschen Unterricht. Begründet unter Mitwirkung von Rudolf Hildebrand. Herausgegeben von Dr. Otto Lyon. 11. Jahrgang. 1897. 7—11 Heft. gr. 8. Preis für den Jahrgang von 12 Monatsheften zu je 4—5 Druckbogen n. ℳ 12.—

Zeitschrift für lateinlose höhere Schulen. Organ des Vereins zur Förderung
des lateinlosen höheren Schulwesens, sowie des Vereins sächsischer Realschul-
lehrer. Begründet von Dr. Georg Weidner. Unter Mitwirkung zahlreicher
Schulmänner herausgegeben von Dr. G. Holzmüller, Direktor der Gewerbeschule (Realschule mit Fachklassen) in Hagen i. W., Mitglied der Kais.
Leop. Carol. Akademie der Naturforscher. 8. Jahrgang. 1896/97. 11. u. 12. Heft.
9. Jahrgang. 1897/98. 1. u. 2. Heft. gr. 8. Preis für den Jahrgang von
12 Monatsheften n. ℳ 10.—

Zeitschrift für weibliche Bildung in Schule und Haus. Zentralorgan für
das deutsche Mädchenschulwesen. Begründet von Richard Schornstein,
gegenwärtig herausgegeben von Direktor a. D. Dr. Wilhelm Buchner in
Eisenach. 25. Jahrgang. 1897. 13—24. Heft. Jährlich 24 Hefte. gr. 8. Preis
halbjährlich n. ℳ 6.—

Angekündigt aber noch nicht erschienen sind:
Pfalzgräfin Genovefa in der deutschen Dichtung. Von Barbo
Golz. gr. 8. geh. [S. Mitteilungen 1897 Nr. 4, S. 114.]
Der deutsche Unterricht in der höheren Mädchenschule. Lehrstoffe,
Lehrgänge und Lehrmethode. Von Dr. B. Ritter, Direktor des Sophienstifts in
Weimar. In 3 Bänden. Band I: Unterstufe. Band II: Mittelstufe. Band III:
Oberstufe. gr. 8. In Lw. geb. [S. Mitteilungen 1897 Nr. 4, S. 114.]
Volksmärchen, naturgeschichtliche, aus nah und fern. Von O. Dähn-
hardt. Mit Titelzeichnung von O. Schwindrazheim. 8. Geschmackvoll geb.
[S. Mitteilungen 1897 Nr. 5/6, S. 155.]
Wie denkt das Volk über die Sprache? Gemeinverständliche Beiträge zur
Beantwortung dieser Frage. Von Fr. Polle. Zweite verbesserte und stark ver-
mehrte Auflage. 8. Geschmackvoll geb. [S. Mitteilungen 1897 Nr. 5/6, S. 155.]

III.
Neuere fremde Sprachen.

Booch-Arkossy, F., neuestes und vollständigstes spanisch-deutsches und deutsch-
spanisches Handwörterbuch. 2 Bände. 8. Auflage. 8. geb. ℳ 12.—
Einzeln:
I. Band. Spanisch-Deutsch. [XII u. 1132 S.] ℳ 7.50.
II. — Deutsch-Spanisch. [VIII u. 704 S.] ℳ 4.50.
Jeder Band ist einzeln käuflich.

Boerner, Dr. Otto, französisches und englisches Unterrichtswerk, nach den Neuen
Lehrplänen bearbeitet. Französischer Teil: Lehrbuch der französischen Sprache.
Mit besonderer Berücksichtigung der Übungen im mündlichen und schriftlichen
freien Gebrauch der Sprache. Ausgabe B: für höhere Mädchenschulen (nach
den Bestimmungen vom 31. Mai 1894). In 4 Teilen. IV. Teil. Oberstufe:
Stoff für das 4. u. 5., bez. 6. Unterrichtsjahr. Mit einem Holzschnitt-Vollbild:
Die Stadt, einer Karte von Frankreich, einem Plane von Paris und einer
Münztafel. Hierzu in Tasche: Französisch-deutsches und deutsch-französisches
Wörterbuch. [X u. 384, 98 S.] gr. 8. In Leinwand geb. n. ℳ 3.80.
Voranzeige f. Mitteilungen 1897 Nr. 2, S. 44.
——— die Hauptregeln der französischen Grammatik. Im Anschluß an
das Lehrbuch der französischen Sprache für den Schulgebrauch bearbeitet von
Dr. Otto Boerner, Oberlehrer am Gymnasium zum heiligen Kreuz zu Dresden.
Ausgabe A. Fünfte Auflage. [VIII u. 166 S.] gr. 8. In Leinwand geb.
n. ℳ 1.60.
——— die Hauptregeln der französischen Grammatik nebst syntaktischem
Anhang. Im Anschluß an das Lehrbuch der französischen Sprache für den
Schulgebrauch bearbeitet. Ausgabe B. [X u. 156, 48 S.] gr. 8. geb. n. ℳ 2.—
——— Livre du Maitre zum Lehrbuch der französischen Sprache Ausgabe B
(für höhere Mädchenschulen). IV. Teil (Oberstufe). Herausgegeben vom Verfasser des Lehrbuches. [50 S.] 8. geh. ℳ 2.60.
——— Englischer Teil: Teacher's Book zur Oberstufe des Lehrbuchs der englischen Sprache. Herausgegeben von den Verfassern des Lehrbuchs. [80 S.]
8. geh. ℳ 2.60.

[**Boerner**, Dr. **Otto**,] u. **Thiergen**, Dr. **Oscar**, Professor am Kgl. Kadetten-Korps zu Dresden, **Elementarbuch der englischen Sprache** mit besonderer Berücksichtigung der Übungen im mündlichen und schriftlichen freien Gebrauch der Sprache. Mit Genehmigung der Generalinspektion des Militär-Erziehungs- und Bildungswesens auf Grundlage des Boerner-Thiergen'schen Lehrbuchs der englischen Sprache bearbeitet. [IV, 214 u. 84 S.] gr. 8. [geb. n. .ℳ 3.80.] In Leinw. geb. n. .ℳ 3.40.

Voranzeige s. Mitteilungen 1897 Nr. 5/6, S. 159.

IV.
Mathematik, technische und Naturwissenschaften. Forstwissenschaft.

Barden, Dr. (C., **arithmetische Aufgaben nebst Lehrbuch der Arithmetik** vorzugsweise für Realschulen, höhere Bürgerschulen und verwandte Anstalten neu bearbeitet von Dr. O. **Hartenstein**. **Ausgabe B:** ohne Logarithmentafel. [IV u. 170 S.] gr. 8. geb. n. .ℳ 1.80.

Fricke, Robert, in Braunschweig, und **Felix Klein**, in Göttingen, Vorlesungen über die Theorie der automorphen Funktionen. Erster Band: Die gruppentheoretischen Grundlagen. Mit 192 in den Text gedruckten Figuren. [XIV u. 634 S.] gr. 8. geb. n. .ℳ 22.—

Voranzeige s. Mitteilungen 1897 Nr. 5/6, S. 161.

Girndt, Martin, Königl. Baugewerkschul-Lehrer, **Raumlehre für Baugewerkschulen** und verwandte gewerbliche Lehranstalten. Erster Teil: Lehre von den ebenen Figuren. Mit 276 Figuren im Text und 287 der Baupraxis entlehnten Aufgaben. [VIII u. 99 S.] gr. 8. In Leinw. kart. n. .ℳ 2.40.

Voranzeige s. Mitteilungen 1897 Nr. 5/6, S. 163.

Hartenstein, Dr. H., **fünfstellige logarithmische und trigonometrische Tafeln** für den Schulgebrauch. [III u. 123 S.] gr. 8. geb. .ℳ 1.40.

Holzmüller, Prof. Dr. **Gustav**, Direktor der Gewerbeschule (Realschule mit Fachklassen) zu Hagen i. W., Mitglied der Kais. Leop. Carol. Akademie der Naturforscher, **methodisches Lehrbuch der Elementar-Mathematik**. Allgemeine Ausgabe. In 3 Teilen. II Teil, für die 3 Oberklassen der höheren Lehranstalten bestimmt. Mit 210 Figuren im Text. Zweite Auflage. [VIII u. 292 S.] gr. 8. In Leinwand geb. n. .ℳ 3.—

Voranzeige s. Mitteilungen 1897 Nr. 4, S. 122.

Januschke, Hans, k. k. Direktor der Staats-Oberrealschule in Teschen, das Prinzip der Erhaltung der Energie und seine Anwendung in der Naturlehre. Ein Hilfsbuch für den höheren Unterricht. Mit 95 Figuren im Text. [X u. 456 S.] gr. 8. In Leinwand geb. n. .ℳ 12.—

Voranzeige s Mitteilungen 1897 Nr. 2, S. 46.

Katalog mathematischer und mathematisch-physikalischer Modelle, Apparate und Instrumente. Unter Mitwirkung zahlreicher Fachgenossen herausgegeben im Auftrage des Vorstandes der Deutschen Mathematiker-Vereinigung von WALTHER DYCK, Professor an der technischen Hochschule in München. [XVI u. 430 S.] Lex.-8. 1892. geb. n. .ℳ 11.—
—— Nachtrag. [X u. 135 S.] Lex.-8. 1893. geb. n. .ℳ 4.—

Klein, F., autographierte Vorlesungshefte. 4. geb.

I. Ausgewählte Kapitel der Zahlentheorie.
Heft 1, 391 Seiten (W. S. 1895/96) } zusammen .ℳ 14.60.
Heft 2, 354 Seiten (S. S. 1896)
II. Lineare Differentialgleichungen der zweiten Ordnung.
534 Seiten (S. S. 1894) .ℳ 9.50.
III. Über die hypergeometrische Funktion.
569 Seiten (W. S. 1893/94) .ℳ 9.—

Klein, F., autographierte Vorlesungshefte. 4. geh.

IV. Höhere Geometrie.
  Heft 1, 566 Seiten (W. S. 1892/93) } zusammen _M_ 15.—
  Heft 2, 388 Seiten (S. S. 1893)

V. Riemannsche Flächen.
  Heft 1, 254 Seiten (W. S. 1891/92) } zusammen _M_ 12.—
  Heft 2, 262 Seiten (S. S. 1892)

VI. Nicht-Euklidische Geometrie.
  Heft 1, 364 Seiten (W. S. 1889/90) } zusammen _M_ 14.—
  Heft 2, 238 Seiten (S. S. 1890)
  Anzeige s. Mitteilungen 1897 Nr. 4, S. 117.

—— und A. Sommerfeld, über die Theorie des Kreisels. Heft I: Die
  kinematischen und kinetischen Grundlagen der Theorie.
  [IV u. 200 S.] gr. 8. geb. n. _M_ 5.60.
  Voranzeige s. Mitteilungen 1897 Nr. 3, S. 82.

Krause, Dr. Martin, Professor an der Königl. Sächs. Technischen Hochschule zu Dresden, **Theorie der doppeltperiodischen Funktionen einer ver-
  änderlichen Grösse.** (In 2 Bänden.) Zweiter Band. [XII u. 306 S.]
  gr. 8. geb. n. _M_ 12.—
  Voranzeige s. Mitteilungen 1897 Nr. 2, S. 46.

Kronecker, Leopold, Werke. Herausgegeben auf Veranlassung der Königl.
  Preussischen Akademie der Wissenschaften von KURT HENSEL. (In vier
  Bänden.) Zweiter Band. [VIII u. 540 S.] gr. 4. geb. n. _M_ 36.—
  Voranzeige s. Mitteilungen 1894 Nr. 3, S. 75.

Landsberg, Bernhard, Oberlehrer am Kgl. Gymnasium zu Allenstein D/Pr.,
  Hilfs- und Übungsbuch für den botanischen und zoologischen Unterricht an
  höheren Schulen und Seminarien. I. Teil: Botanik. Ausgabe in 3 Heften.
  Heft 1: Erster und zweiter Kursus nebst Einleitung. [XXXVIII u. S. 1—100.]
  gr. 8. geh. n. _M_ 1.80. Heft 2: Dritter Kursus. [XVI u. S. 101—312.] gr. 8.
  geh. n. _M_ 2.20. Heft 3: Vierter Kursus (nebst alphab. Namen- und Sach-
  verzeichnis). [XVI u. S. 313—508.] geh. n. _M_ 2.20.
  Voranzeige s. Mitteilungen 1896 Nr. 2, S. 45.

Martin. Dr. H., Kgl. preuß. Forstmeister, **der höhere forstliche Unterricht** mit
  besonderer Berücksichtigung seines gegenwärtigen Zustandes in Preußen. [IV u.
  46 S.] gr. 8. geb. n. _M_ 1.20.
  Voranzeige s. Mitteilungen 1897 Nr. 5/6, S. 164.

Reidt, Dr. Friedrich, Professor am Gymnasium in Hamm, **Sammlung von
  Aufgaben und Beispielen aus der Trigonometrie und Stereometrie.** II. Teil:
  Stereometrie. Vierte Auflage. Neu bearbeitet von A. MUCH, Professor
  am Gymnasium in Kreuznach. [VIII u. 194 S.] gr. 8. geb. n. _M_ 3.—
  Voranzeige s. Mitteilungen 1897 Nr. 5/6, S. 162.

——— —— Resultate der Rechnungsaufgaben in der Sammlung von Aufgaben
  und Beispielen aus der Trigonometrie und Stereometrie. II. Teil:
  Stereometrie. Vierte Auflage. Neu bearbeitet von A. MUCH, Professor
  am Gymnasium in Kreuznach. [68 S.] gr. 8. geh. n. _M_ 1.—
  Voranzeige s. Mitteilungen 1897 Nr. 5/6, S. 162.

Schülke, Dr. A., vierstellige Logarithmentafeln nebst mathematischen,
  physikalischen und astronomischen Tabellen. Zweite verbesserte Auflage.
  [IV u. 18 S.] gr. 8. Steif geb. n. _M_ —.80.
  Voranzeige s. Mitteilungen 1897 Nr. 4, S. 123

Verzeichnis der seit 1850 an den deutschen Universitäten erschienenen
  Dektor-Dissertationen und Habilitationsschriften aus der reinen und an-
  gewandten Mathematik. Herausgegeben auf Grund des für die Deutsche
  Universitäts-Ausstellung in Chicago erschienenen Verzeichnisses. [IV u.
  35 S.] Lex.-8. 1898. geh. n. _M_ 2.—

Wüllner, Adolph, Lehrbuch der Experimentalphysik. Fünfte, vielfach umgearbeitete und verbesserte Auflage. 4 Bände. III. Band: Die Lehre vom Magnetismus und von der Elektricität mit einer Einleitung: Grundzüge der Lehre vom Potential. Mit 341 in den Text gedruckten Abbildungen und Figuren. [XV u. 1415 S.] gr. 8. geh. n. .*M.* 18.—
Voranzeige s. Mitteilungen 1897 Nr. 5/6, S. 161.

Wünsche, Prof. Dr. Otto, Oberlehrer am Gymnasium zu Zwickau, die Pflanzen Deutschlands. Eine Anleitung zu ihrer Bestimmung. Die höheren Pflanzen. Siebente Auflage. [XXIV u. 550 S.] In Leinwand geb. n. .*M.* 5.—
Voranzeige s. Mitteilungen 1897 Nr. 5/6, S. 164.

Angekündigt aber noch nicht erschienen sind:

Krafte, die elektrischen. II. (u. letzter) Teil: Untersuchung dieser Krafte mit besonderer Rücksicht auf die einschlagenden Arbeiten von HELMHOLTZ. Von C. NEUMANN. gr. 8. geh. [S. Mitteilungen 1897 Nr. 4, S. 118.]

Theorie, allgemeine, der Kurven doppelter Krümmung in rein geometrischer Darstellung von Dr. WILHELM SCHELL, Grofsh. Bad. Geh. Hofrat und Prof. an der technischen Hochschule zu Karlsrube. Zweite, erweiterte Auflage. gr. 8. geh. [S. Mitteilungen 1897 Nr. 4, S. 121.]

Vorlesungen über Differential- und Integralrechnung von EMANUEL CZUBER, o. ö. Professor an der technischen Hochschule zu Wien. In 2 Bänden. Mit Figuren im Text. gr. 8. geh. [S. Mitteilungen 1897 Nr. 4, S. 120.]

Annalen, mathematische. Begründet 1868 durch ALFRED CLEBSCH und CARL NEUMANN. Unter Mitwirkung der Herren PAUL GORDAN, CARL NEUMANN, MAX NOETHER, KARL VONDERMÜHLL, HEINRICH WEBER gegenwärtig herausgegeben von FELIX KLEIN in Göttingen, WALTHER DYCK in München und ADOLF MAYER in Leipzig. 49. Bd. 2—4. Heft. gr. 8. Preis für den Band von 4 Heften n. .*M.* 20.—

Zeitschrift für Mathematik und Physik. Begründet 1856 durch O. SCHLÖMILCH. Gegenwärtig herausgegeben von Dr. R. MEHMKE u. Dr. M. CANTOR. 42. Jahrg. 1897. 4—6. Heft. gr. 8. Preis für den Band von 6 Heften n. .*M.* 20.—

Zeitschrift für mathematischen und naturwissenschaftlichen Unterricht. Ein Organ für Methodik, Bildungsgehalt und Organisation der exakten Unterrichtsfächer an Gymnasien, Realschulen, Lehrerseminarien und gehobenen Bürgerschulen. (Zugleich Organ der Sektionen für math. und naturw. Unterricht in den Versammlungen der Philologen, Naturforscher, Seminar- und Volksschullehrer.) Herausgegeben von J. C. V. HOFFMANN. 28. Jahrgang. 1897. 5—8. Heft. gr. 8. Preis für den Jahrgang von 8 Heften n. .*M.* 12.—

V.
Philosophie.

Cornelius, Hans, Psychologie als Erfahrungswissenschaft. [XV u. 445 S.] gr. 8. geh. n. .*M.* 10.—
Voranzeige s. Mitteilungen 1897 Nr. 2, S. 50.

VI.
Theologie.

[Lucas.] **Euangelium secundum Lucam sive Lucae ad Theophilum über prior.** Secundum formam quae videtur Romanam edidit FRIDERICUS BLASS. [LXXXIV u. 190 S.] gr. 8. geh. n. .*M* 4. —
Voranzeige s. Mitteilungen 1897 Nr. 5/6, S. 165.

Angekündigt aber noch nicht erschienen ist:
Die Legenden des heiligen Aberkios. Herausgegeben von KARL KRUMBACHER. gr. 8. geh. [S. Mitteilungen 1897 Nr. 5/6, S. 147.]

VII.
Geographie.

Zeitschrift, geographische. Herausgegeben von Dr. **Alfred Hettner**, a. o. Professor an der Universität Tübingen. 3. Jahrgang 1897. 7—12. Heft. gr. 8. Jährlich 12 Monatshefte zu je 3½ bis 4 Bogen. Preis halbjährlich n. .*M* 8.—

VIII.
Heilkunde.

Jahrbuch für Kinderheilkunde und physische Erziehung. Neue Folge. Herausgegeben von O. HEUBNER, A. STEFFEN und H. v. WIDERHOFER. 45. Bd. 1—4. Heft. gr. 8. Preis für den Band von 4 Heften n. .*M* 12.—

IX.
Vermischtes.

Jahrbuch, statistisches, der höheren Schulen und heilpädagogischen Anstalten Deutschlands, Luxemburgs und der Schweiz. (Neue Folge von Mushackes Schulkalender. I/II. Teil) Nach amtlichen Quellen bearbeitet. XVIII. Jahrgang 1897/98. Erste Abteilung, das Königreich Preußen enthaltend. Anhang: Verzeichnis der Mittelschulen. Zweite Abteilung, die deutschen Staaten (außer Preußen), Luxemburg, die Schweiz und statist. Übersicht über die höheren Schulen Deutschlands enthaltend. [XXIV, 226 u. 375 S.] In Leinwand geb. n. .*M* 4.40.

Kommersbuch, kleines, für den deutschen Studenten. Herausgegeben von Franz Ewald Thiele. Mit farbigem Titelbild. [VIII u. 168 S.] 8. geb. .*M* 1.—
Voranzeige f. Mitteilungen 1897 Nr. 4, S. 123.

Verzeichnis von Programm-Abhandlungen, welche von Gymnasien, Realgymnasien, Real- und höheren Bürgerschulen Deutschlands und Österreichs im Jahre 1896 veröffentlicht worden sind. [32 S.] 16. Beiderseitig bedruckt. geh. n. .*M* —.60.

—— —— Einseitig bedruckt, zum Auseinanderschneiden für den Bibliothekskatalog. [64 S.] 16. geh. n. .*M* —.80.

P. P.

Seit 1868 veröffentliche ich in kurzen Zwischenräumen

Mitteilungen

der Verlagsbuchhandlung

B. G. Teubner 🜨 in Leipzig.

Diese „Mitteilungen", unentgeltlich in 20000 Exemplaren im Inlande wie im Auslande verbreitet, sollen das Publikum, welches meinem Verlage Aufmerksamkeit schenkt, von den erschienenen, unter der Presse befindlichen und von den vorbereiteten Unternehmungen des Teubnerschen Verlags in Kenntnis setzen und sind ebenso wie die bis auf die Jüngstzeit fortgeführten, jährlich zwei- bis dreimal neu gedruckten vollständigen Verzeichnisse meines Verlags mit ausführlichen Titelangaben, als:

Verzeichnis des Verlags von B. G. Teubner in Leipzig auf dem Gebiete der Sprach-, Litteratur und Geschichts-Wissenschaften, insbesondere der klassischen Philologie. (Im Anhang: Philosophie. Geographie. Zum Unterrichtswesen.) „Bibliotheca philologica Teubneriana" [118 S. kl. 8];

Verzeichnis des Verlags von B. G. Teubner in Leipzig auf dem Gebiete der Mathematik, der technischen und Naturwissenschaften. Im Anhange: Forstwissenschaft [XXIV u. 123 S. gr. 8];

Schulkatalog, enthaltend eine Zusammenstellung der Ausgaben griechischer und lateinischer Klassiker, sowie der Lehr- und Hilfsbücher für den Unterricht aus dem Verlage von B. G. Teubner in Leipzig, welche an den Gymnasien, Realgymnasien und anderen höheren Schulen Deutschlands, Deutsch-Österreichs, der Schweiz und der Ostseeprovinzen gebraucht werden [115 S. gr. 8];

Lehr- und Hilfsbücher für den Unterricht in den neueren Sprachen, sowie Schulausgaben englischer und französischer Schriftsteller mit deutschen Anmerkungen aus dem Verlage von B. G. Teubner in Leipzig [33 S. gr. 8];

Lehr- und Unterrichtsmittel für höhere und mittlere Mädchenschulen sowie Lehrerinnenseminare und Mädchengymnasien nebst Schriften für die weibliche Jugend aus dem Verlage von B. G. Teubner in Leipzig [46 S. gr. 8];

Verzeichnis des Verlags von B. G. Teubner in Leipzig auf dem Gebiete der Theologie, Pädagogik und verwandter Fächer [36 S. gr. 8],

in allen Buchhandlungen unentgeltlich zu haben, werden auf Wunsch aber auch von mir unter Kreuzband übersandt.

B. G. Teubner.

Druck von B. G. Teubner in Leipzig.